产教融合视域下大学生教育管理创新与实践研究

陈庆渊◎著

文化发展出版社
Cultural Development Press
·北京·

图书在版编目（CIP）数据

产教融合视域下大学生教育管理创新与实践研究 / 陈庆渊著 . — 北京 ：文化发展出版社，2023.10
ISBN 978-7-5142-4144-0

Ⅰ . ①产… Ⅱ . ①陈… Ⅲ . ①大学生－教育管理－研究 Ⅳ . ① G647

中国国家版本馆 CIP 数据核字 (2023) 第 214518 号

产教融合视域下大学生教育管理创新与实践研究

陈庆渊　著

出 版 人：宋　娜
责任编辑：岳智勇　　　　责任校对：侯　娜
责任印制：杨　骏　　　　封面设计：守正文化
出版发行：文化发展出版社（北京市翠微路 2 号 邮编：100036）
网　　址：www.wenhuafazhan.com
经　　销：全国新华书店
印　　刷：天津和萱印刷有限公司

开　　本：710mm × 1000mm　1/16
字　　数：211 千字
印　　张：11.75
版　　次：2025 年 1 月第 1 版
印　　次：2025 年 1 月第 1 次印刷

定　　价：72.00 元
I S B N：978-7-5142-4144-0

◆ 如有印装质量问题，请电话联系：010-58484999

前　言

大学生教育管理是国家教育体系中的重要组成部分，在保证高校人才质量、规范高校教育管理秩序、培养社会主义事业合格建设者和可靠接班人等方面发挥着重要的作用。当代大学生教育管理工作处在一个多元变革的环境。随着高等教育大众化趋势的发展，大学生教育管理也发生了深刻变化。我国大学生教育管理工作在很多方面都有了一定突破，但从整体来看，还面临许多具体问题，这些问题迫切需要在大学生教育管理的理论研究和实践中进一步厘清和解决。

随着我国经济结构不断转型升级，对应用型人才的需求也在不断扩大。突破人才培养的制度壁垒，形成一个同时注重应用性技能与学术创造性的教育模式，以多样性人才培养体系，取代过去将学术置于顶端、技能置于底端的“金字塔式”教育体系，是现代职业教育的重要工作。事实上，转型已在上述方面迈出了重要的步伐，国家教育部、国家发展改革委和财政部提出的“引导部分地方普通本科高校向应用型转变的指导意见”中的22条转型发展重大决策从某种意义上来说标志着我国大学生教育“重技重能”时代的来临。因此，在产教融合视域下对大学生教育管理进行创新有着重要意义。

在内容上，本书共分为五个章节，第一章为大学生教育管理概述，依次对大学生教育管理的概念、大学生教育管理的特点、大学生教育管理的原理，以及大学生教育管理的现状展开论述；第二章为大学生教育管理的功能与组织，主要对规划与组织功能、控制与协调功能、高校的领导体制、高校的组织结构等四个部分进行分析；第三章为大学生管理制度创新与实践，依次阐述了大学生社区化管理、大学生社会实践规范化管理、大学生宿舍管理创新、大学生奖惩制度创新四部分；第四章为产教融合概述，依次对产教融合的概念、产教融合的理论、国外产教融合的实践、国内产教融合的发展，以及我国产教融合存在的问题进行论述；第五章为产教融合下的大学生就业创业教育管理，包含四个部分：产教融合下的大学生就业创业教育课程体系、产教融合下的大学生就业创业教育实践体系、产教融合下的大学生就业创业教育师资体系、产教融合下的大学生就业创业教育评价体系。

在撰写本书的过程中，笔者得到了许多专家学者的帮助和指导，参考了大量的学术文献，在此表示真诚的感谢。但由于笔者水平有限，书中难免会有疏漏之处，希望广大同行及时指正。

陈庆渊

2023 年 3 月

目 录

第一章　大学生教育管理概述

本章主要内容为大学生教育管理概述，依次对大学生教育管理的概念、大学生教育管理的特点、大学生教育管理的原理，以及大学生教育管理的现状展开论述。

第一节　大学生教育管理的概念

一、管理的含义

管理一般是指在特定的环境下，对组织资源或要素进行协调利用以达成组织目的的活动。[①] 管理是人们依据社会发展的客观规律和在特定历史条件下有意识地调节社会系统内外的各种关系和资源，以便达到既定的系统目标的过程。很显然，这两个方面的表述并不矛盾，只是表述的方式稍有差别而已。前面的表述比较简练直观；后面是从社会系统的角度和方法进行表述，比较宏观。

其含义包括以下三方面。

①管理是为实现组织目标服务的，是一个有意识的、有目的的活动过程。管理是任何组织不可或缺的，但绝不是孤立存在的。只要有组织及其活动，就存在管理问题。就管理本身而言，管理不具有自己的目标，不存在为了管理而管理，没有活动也就不存在管理问题，管理是依附于活动而存在的，组织活动的目标是管理的目标，而管理是服务于组织目标的。

②管理活动是通过一系列相互关联的资源要素进行的，管理工作是要综合运用组织中的各种资源要素，通过计划、组织、控制等实现组织目标，达到活动的目的、效果，这是管理的基本职能。

① 宁凌，唐楚生．现代企业管理 第2版[M]．北京：机械工业出版社，2019：18.

③从管理本身来讲，管理活动应该按照自己的规律进行，但是，现实管理活动中的资源并不是孤立存在的，管理工作是在一定环境条件下进行的，管理是一种社会活动，有效的管理必须充分考虑组织的特定环境。

“一般管理理论”最早诞生在法国。当拉尔夫·泰勒（Ralph W. Tyler）及其追随者正在美国研究和倡导生产作业现场的科学管理原理和方法的时候，大西洋彼岸的法国诞生了组织管理的理论，被后人称作“一般管理理论”或者“组织管理理论”。与泰勒主要研究基层作业的管理理论不同的是，“一般管理理论”是站在高层管理者的角度研究组织管理问题，在此基础上，现代管理理论的研究发展很快形成了许多管理的经典理论和理论体系。根据研究管理的对象不同，可分为广义的管理和狭义的管理。广义的管理是针对大自然中的万事万物的管理；狭义的管理只是针对某项具体活动，以及活动中的资源所进行的计划、组织、领导、控制。一般我们研究的管理是指狭义的管理，是指组织管理、行为管理、活动的管理。活动的结果，实际上是人的能动性的结果。管理的实质是人，是管理者与被管理者之间发生的矛盾的解决。因此，管理就是管理者、被管理者、事项三方形成的特定的活动。

对于管理的分类，现代管理一般可以从多个方面来进行划分。第一，从活动的规模大小划分，可以分为宏观管理和微观管理；第二，从具体活动的内容划分，可以分为综合管理和专项管理；第三，从管理的形式上划分，可以分为紧密管理和松散管理。当然，这些划分也只是相对的。

二、大学生教育管理的含义

大学生教育管理是根据高等教育的目的和发展规律，调配高等教育资源，调节高等教育系统内外的各种关系，进行有效的计划、组织、领导和控制，以便达到既定的高等教育系统目标的过程。这是给出的大学生教育管理的一般定义。

从定义分析，大学生教育管理具有下述三层含义。

（一）大学生教育管理的依据

大学生教育管理的定义首先指明了大学生教育管理活动的依据是高等教育的目的和发展规律。高等教育的目的是为社会提供各级各类的高级专门人才，各级各类高级专门人才的教育是指：第一，在类别上划分的普通高等教育、成人高等教育；第二，在性质上划分的公办高等教育、民办高等教育；第三，在层次上划分的专科教育、本科教育、研究生教育。这些教育的目的和目标是管理的根本依据。高等教育受到学生身心发展的影响，通过德育、智育、体育、美育等过程，培养全面发展的人，只有把人作为社会关系的总和看待，才能对人的发展有全面的理解。因此，各级各类教育过程都有其自身的客观内在规律，只有正确认识它们的客观规律，才能实施科学的管理。高等教育必须受到一定社会的经济、政治、文化制约，并为一定的经济、政治、文化发展服务。因此，生产力和科学技术的发展水平、社会的制度、文化传统都对高等教育活动产生制约；无论是国家宏观的高等教育发展政策的制定，还是高等学校培养人的过程，都必须遵循高等教育的目的和高等教育发展的客观规律，这也是大学生教育管理的出发点。

（二）大学生教育管理的任务

大学生教育管理的定义指出了大学生教育管理的任务，即有意识地调节高等教育系统内外各种关系和高等教育资源，以适应高等教育系统发展的客观规律。从一个国家或者地区来讲，高等教育系统是国家或者地区社会系统中的一个子系统；从高等教育组织系统来讲，高等学校也是一个社会子系统。由于系统中存在着多种矛盾，因此，大学生教育管理的任务是协调并最终解决系统中存在的矛盾。在大学生教育管理中，要用系统论的原理设计高等教育的整体和各部分之间、要素与要素之间、学校系统与外部环境之间、学校系统内部的子系统之间的相互关系，树立整体的观念，并通过有效的管理实现系统要素间的整体优化。

（三）大学生教育管理的目的

大学生教育管理的定义还指明了大学生教育管理的结果是不断促成高等教育系统目标的实现。大学生教育管理的目的最终也只是高等教育目的的一种辅助性（工具性）目的。在高等教育系统中，培养人的目的是高等教育的根本目的，高等教育系统的一切工作（包括管理工作）都必须围绕这一目的展开，对高等教育系统中各种关系和资源的协调构成了大学生教育管理的目的，它的目的是通过有效的管理，确保高等教育实质性目的的实现。因此，大学生教育管理最终只能是方法。当然，由于大学生教育管理有其自身的需要，其自身也有目的，如效率是管理的目的之一，但它是通过有效的管理来保证高等教育目的有效实现的。综上所述，不论是宏观的大学生教育管理，还是微观的大学生教育管理，所依据的是国家的教育方针，组织的发展目标，活动的游戏规则，高等教育的基本规律，社会政治、经济、文化的发展背景与环境，通过立法、行政、经济、市场等方法进行协调和控制，保证高等教育人才培养质量、推动科学文化知识创新、促进社会进步等目标的实现，最终实现高等教育的可持续发展。

第二节　大学生教育管理的特点

大学教育与中小学教育有明显的不同。从我国的教育现状看，由于中学教育受升学的压力，使得其教育教学注重应试教育，而大学教育没有了升学压力，比较注重学生能力的培养，即以素质教育为主。因此，中小学教育管理以严格规范著称，大学教育管理相对宽松自由；中学教育包办一切，而大学教育则放开手脚，给学生以更多的自由和选择。这些区别，是由大学所肩负的任务和它的职能决定的，也是由教育对象的身心发展水平决定的。大学教育管理的特点主要体现在以下几个方面。

一、管理对象的特殊性

大学生教育管理的对象是大学生，而大学生有着区别于一般管理对象的显著特点。首先，大学生是具有高度自觉能动性的人，大学生具有强烈的自主意识、突出的独立意向和较高的智力发展水平，崇尚独立思考，要求自主、自治。这就要求在大学生教育管理中必须着力激发和引导大学生的自觉能动性，使他们能够自觉地顺应大学生管理的目标和要求，主动接受管理，积极开展自我管理。其次，大学生是以学习为主要任务，并在教师的指导下进行自主学习的人。大学生的主要职责是学习，大学生的学习是由教师指导的，按照一定的制度和规定有目的、有计划、有组织地进行的。同时，大学生可以按照学校的有关规定自主地选修课程，自主地支配大量的课外学习时间。因而，大学生的学习不仅需要掌握科学的学习方法，还需要高度的学习自觉性和有效的自我管理。这就要求大学生管理紧紧围绕大学生的学习任务，切实加强对大学生学习行为的指导和管理。再次，大学生是正处于成长和发展关键时期的人，他们的心理日趋成熟但尚未完全成熟，智力迅速发展，情感日益丰富，自我意识显著增强，但又存在着如理智与情绪的矛盾、自我期望与自身能力的矛盾等心理矛盾。同时，由于大学生还处于趋向成熟的过程之中，因此在他们身上又蕴藏着各个方面发展的极大的可能性，有着发展的巨大潜力。这就要求在大学生管理中，要针对大学生的这一特点，切实加强并科学实施对大学生的指导和服务，以促进他们的健康成长，并使他们的身心获得最佳的发展。最后，大学生教育管理有其特有的方法体系。大学生管理所具有的特定的管理对象和特殊的管理规律，决定了大学生管理有其特有的方法体系。由于大学生管理工作涉及面极其广泛，具有很强的综合性，因而需要掌握管理学、教育学、心理学、社会学等方面的理论方法和技术。但大学生管理的方法体系又不是这些学科方法和技术的简单拼凑和机械相加，而是需要在系统掌握这些学科理论、方法和技术的基础上，针对大学生的特点，依据大学生管理的特殊规律和具体实际，把它们有机地结合起来加以综合运用，从而形成自己特有的方法体系。

二、管理的开放性

这种开放性表现在大学的专业设置、课程设置和教育教学管理等方面。大学教育强调要适应经济和社会发展，根据社会需要设置专业；各个专业的课程设置方案也会随着社会的需要而不断调整。在大学里，各个专业虽然都有自己的课程设置体系，但是也只是规定了学生必须学习和掌握的基础专业知识及必备的素质知识。每个大学生可以根据专业的要求和自己的兴趣、爱好与发展目标、知识结构、能力体系，选修不同的课程，制订富有个性化特点的学习计划。学生制订的学习计划，可以选择主修某一个专业，还可以辅修其他专业，也可以按有关规定修读双学位。开放性还表现在学生的学习生活中，大学鼓励学生接触社会，通过多种途径融入社会当中，在社会中学习书本以外的知识。

三、管理任务的复杂性

既要紧紧围绕大学生的中心任务，加强对学生学习行为和实践活动的管理和引导，又要切实为大学生的健康成长着想，加强对学生日常行为包括交往行为、消费行为、网络行为的管理和引导，及时发现、校正和妥善处理学生的异常行为；

既要加强对大学生现实群体包括学生班级、学生党团组织、学生社团和学生生活园区的管理和引导，又要适应网络时代的新情况，加强对大学生以网络为平台形成的虚拟群体的管理和引导；既要对大学生在校园内的安全加强管理和引导，又要为大学生在校外的安全提供必要的指导和督促……总之，大学生管理渗透在大学生专业学习和日常生活的各个方面，贯穿在大学生培养工作的所有环节和全部过程，其任务是复杂而又艰巨的。

四、价值导向的鲜明性

大学生教育管理是为一定社会培养人才提供服务的，大学生管理的目的、管理体制和管理形式总是受到社会的经济基础、政治制度和意识形态的制约。因此，大学生管理必然具有鲜明的价值导向。具体地说，大学生教育管理的价值导向主要体现在以下几个方面。

（一）突出体现在教育管理理念中

大学生教育管理理念是大学生教育管理的指导思想，直接制约着大学生管理的原则和方法。而大学生管理理念也总是体现了社会的价值体系，并往往是社会先进的价值观念在大学生管理中的贯彻和体现。

（二）集中体现在管理目标中

大学生教育管理的目的及作为其具体展开的整个目标体系，都是基于一定的价值观念确定和设计的，都贯穿和体现着一定的价值观念和价值追求，因而，大学生管理的价值导向不仅对管理者的管理行为和大学生的日常行为起着导向、激励和评价作用，还会对大学生价值观的形成和发展起到重要的引导和促进作用。为谁培养人，培养什么样的人，始终是大学生教育管理的首要问题。显然，对这个问题的解决，必然鲜明地体现着一定的价值观念和价值追求。在我国现阶段，也就是要体现社会主义核心价值，体现实现中国特色社会主义的共同理想对人才培养的要求。因此，我国大学生管理的目标也必然要体现社会主义的价值导向。

（三）具体体现在管理制度中

科学而又严密的规章制度，是大学生教育管理的基本方法，是大学生教育管理规范化、制度化和法治化的基本保证和主要标志。而管理规章制度总是人们在一定的价值观念指导和影响下制定出来的，总是体现着一定的价值导向，具体表现为要求大学生做什么，不做什么；鼓励和提倡做什么，反对和禁止做什么；奖励什么样的行为和表现，惩罚什么样的行为和表现；等等。大学生教育管理制度中的这些规定无不体现着鲜明的价值导向。

五、内外环境的制约性

由于教育是受一定社会的经济、政治、文化、科学技术制约的，又反作用于一定社会的经济、政治、文化、科学技术，并为其服务。高等教育是教育系统中的重要组成部分。大学生教育管理又是高等教育系统中的子系统，因此，大学生教育管理也受到社会大系统中各种因素的影响和制约，尤其会受社会生产力和生产关系、经济基础和上层建筑的发展变化的影响。例如，一所高校规模的大小，并不单纯由学校内部管理决定，它往往需要根据国家在一定时期对高等教育事业发展的目标和学校所处的地位确定。总之，大学生教育管理与工厂生产管理相比，所受到的内外环境的影响要复杂得多。除了物质环境，人文环境也深深地影响着大学生教育管理。所以，在大学生教育管理活动中，培育良好的人文环境也是一项十分重要的任务。从大学生教育管理受到诸多内外环境的影响和制约这一点来看，我们必须把高校与它所进行的高等教育放在整个社会大系统中，作为其中的一个子系统认识它的各种现象，并进行管理，而不能把它孤立在社会大系统之外。

第三节　大学生教育管理的原理

一、大学生教育管理的理念

有什么样的教育理念就会有什么样的教育行为、教育实践。只有坚持正确的教育理念，大学生的教育管理才能做到科学、有序。就当前的高等教育实践来看，大学生教育管理应遵循以下教育管理理念。

（一）科学管理理念

大学生教育管理工作是有意识、有目的的活动，既受社会尤其是学校的制约，又受学生的意识、需要、态度、动机等的影响。在大学生教育管理的过程中，一方面管理者只有坚持科学管理的理念才能在管理实践中做到有章可循。这要求管理者一方面应注意不要做高高在上的发号施令者，而应是要做积极的引导者和平等的协商者。管理者要以学生为友，平等地与学生交流，尊重学生的个性，真诚地为学生提供学业指导、生活帮扶和心理辅导。管理者尤其是辅导员教师，要在管理过程中，创造性地展示自己的才华，在与学生交往、交流中实现自己的理想与人生价值，真正地做到互为主体、教学相长。另一方面要加强学生工作机构的建设，强化其组织协调功能，理顺学生管理系统各部门、各层次、各岗位的职责权限关系，使管理工作与教学工作、课堂内的管理与课堂外的管理、学院与机关、机关各职能部门及各管理者之间坚持统一的标准、统一的声音，形成合力，互相促进。

（二）人性化管理理念

在社会高速发展的今天，大学生教育管理也应当随之发生改变。很多高校在长期的教育管理实践中都习惯用精确、科学的管理方式，这种方式虽然很有效，但常常会表现出过于强硬的一面，有时会让大学生产生刻板、强势的感觉。对于高校而言，最好的管理方式，其实是刚柔并济，既有讲求原则的一面，又存在注重人情的一面，这就要求高校在进行大学生教育管理时要坚持人性化管理的理念。具体地说，学校管理要在不断创新的过程中，注重个体的差异发展，注重群体的和谐发展，注重学校的可持续发展。一方面，高校要充分关注学生丰富多彩的个性，把教学的着眼点从“重教”转到“重学”，这是尊重学生的主体地位，发挥学生的主体作用，促进每一位学生的全面发展；另一方面，高校要高度关注教师的内在需求，使其在为学校创造价值的同时，能够充分实现自我价值，实现学校利益和个人利益的高度统一，达到自我追求和学校需求的最佳结合，从而最大限度地激发教师自身的创造性。

（三）依法管理理念

依法管理是依法治国方略在高校的具体体现。大学生管理中强调依法管理，是指大学生管理必须以法律为依据，符合法律要求。坚持这一理念要以法律为准绳，依法制定适用于学校实际的内部具体规章制度。目前，大学生管理的一般性法律法规已经比较健全，但是不同类型、不同层次、不同地区的高校有着不同的、具体实际的学生管理，需要按照《普通高等学校学生管理规定》等法律法规，制定适合学校实际的内部具体规章制度。另外，高校的管理者还应增强法律意识，加强法律知识学习。

我国目前已基本形成了以《中华人民共和国教育法》为核心的教育法律法规体系。作为大学生管理者，不仅自身要认真学习这些法律条文，深刻理解，做到关键问题心中有数，疑难问题随时查询，同时，还要注意引导学生积极学习各种常用的教育法律、法规和规章，了解自己的合法权利、义务，增强依法维权和依法履行义务的意识，养成良好的学法、守法的习惯，为学生适应社会、推动国家法治建设夯实基础。

二、大学生教育管理的原则

（一）高效性原则

高效性原则直接体现了大学生教育管理本质，也是大学生教育管理的具体化表现。它要求用最少的高等教育资源，培养出更多合格的高级专门人才，取得更多的高水平的研究成果。这一原则揭示了良好的办学效益是大学生教育管理追求的目标，主要体现在经济效益和社会效益两个方面。高等教育所培养的人才和取得的研究成果是否对社会、文化、经济等的发展起到良好的促进作用，高等教育在实施过程中是否能实现各种资源利用最大化、资源浪费最小化，应该作为办学效益的评判标准。保证提高办学效益的前提条件是，在确定总体发展规划、设置具体专业、聘用相关人员等方面，高等教育必须要有足够的灵活性和活力。

（二）整体性原则

高等教育系统的整体性和高等教育的目的共同决定着大学生教育管理应遵循整体性原则。整体性原则被理解为在充分考虑到各种社会环境因素的影响的情况下，围绕培养人才这一中心科学地组织各种工作，使它们有效地配合起来。

整体的功能大于各个部分之间的总和是高等教育系统最大的特点。在实际的管理工作中，局部和全局之间经常会发生冲突。有时候从某一个部分来看，确实能产生一定的效益，但是整体来看，损失远远超过局部产生的效益。因此我们一直强调局部服从整体。有研究表明，人只有在有具体目标时才会发挥自己的潜能，也只有在达到这个具体目标后，才会获得成就感和满足感。要想维系整体性原则的目标、要想真正发挥统领全局的作用，就必须使这个目标具体化，并且使目标渗透到整个管理过程中。

与一般系统一样，高等教育系统中也没有任何一个人或组织可以不依赖其他的人或者组织，而单独满足自身的需要。一种合作行为如果没有管理目标作指导，那么这种行为就没有管理的整体性。因为社会与组织的分工不同，所以高等教育系统中工作目标也各不相同，但它们都依赖高等教育总体目标，并在总体目标的指导下相互配合。整体性原则的体现方式在不同功能的组织中也是各不相同。例如，经济组织一般以功利性为主，强调竞争；军事组织以强制性为主，强调服从。

（三）民主性原则

大学生教育管理的学术性决定了大学生教育管理的民主性。大学生教育管理者只有发扬民主，充分激发师生的创造性和积极性，才能办好一所封闭又开放的高等学校。高等教育领域人才济济，思想活跃，追求和强调学术自由。因此，高等学校在开展学术活动时要充分体现这一点。从本质来讲，高等学校的教学和科研活动都是学术性活动，而这些活动不可能离开民主与自由而得以顺利开展。从前面的论述中可知，高等教育系统中充满利益和权力的冲突，一个决策的制定和实施往往需要多种力量的协商和妥协。任何独裁式的决策都有可能降低高等教育的学术价值。

承认个人价值是民主的基础。因此，在学校重大事件的决策过程中，每一位师生都有权力发表自己的意见。领导和组织必须以听取师生意见为前提，依据科学的程序作出恰当的决定。这也是学校民主的体现。民主与公正是密不可分的，人们在享受公正待遇的同时也在享受着民主。大学生教育管理者要做到公正，就要建立严格透明的规章制度，平等待人，不徇私舞弊，而且要接受民主的监督。

民主性原则要求大学生教育管理者在大学生教育管理中制定决策、执行决策、检查决策执行情况、评定决策执行结果都要充分发扬民主精神。

（四）动态性原则

动态性原则是指大学生教育管理者在大学生教育管理活动中必须要根据不同的情况，采取不同的措施进行动态调节，从而使高等教育具有一定的适应性和针对性。为了在动态的环境中保持协调发展，动态性原则十分重视大学生教育管理的创新与发展。高等教育承前启后的社会职能决定了其工作不仅具有稳定性和继承性，还具有发展性和创造性。在大学生教育管理中，大学生教育管理者应该以稳定和继承为基础和条件，以发展和创造为目的和动力，在相对稳定的前提下把握发展，在运动发展的过程中寻求稳定。

动态性原则要求大学生教育管理者必须重视旧体制、旧办法的改革。但改革的前提是基本不打乱教育稳定性。任何改革的稳定性都是相对的。并且改革应有一定的标准：第一，改革不能脱离实际，必须与实际相贴合，必须适应社会的发展需要；第二，学校的教育目标、管理政策、发展计划等要具有灵活性。这样，改革才能顺利进行；第三，为了保持管理系统的稳定性，改革一定要遵循循序渐进的原则，不能冒进，不能急于求成。

（五）导向性原则

大学生教育管理的导向性原则是以管理手段为工具引导所有组织成员朝向预设目标积极努力的方向。我们所制订的方向性指导方案、采用的工作方法和创造的工作氛围等，都能够起到引导和影响的作用。

大学生教育管理导向性原则是考虑到大学生教育管理具有双重性质而制定的，这是出于政治导向的考虑。因其自身属性，大学生教育管理可以帮助我国高等教育积极借鉴国外先进的科技和管理经验，以便更好地适应对外开放政策的需要。由于大学生教育管理的社会属性不同，各国的大学生教育管理无法完全套用，必须考虑到各自不同的社会形态。高等教育在一个国家的政治制度下运作，并且相应的管理也必然受到政治制度的影响。高等教育的目标是从人才培养的角度出发，国家的教育方针十分明确，即培养具备建设国家和民族传承发展的能力和接班人。就此而言，它可以归类为形而上学的范畴，在上层建筑领域中具有重要的地位和作用，这一点不容忽视或否认。就高等教育知识传播、大学生教育管理方法的具体内容而言，它主要涉及到管理知识、技术、原则和方法等实际层面的内容，并不涉及超出实际层面的政治性议题。因此，在认识这一点时，我们要避免任何过度政治化的想法。尽管高等教育的宏观管理和微观管理都很重要，但是我们不能忽视育人方向性的重要性。作为一个阶级社会，政治性是决定育人方向性的首要因素，这对国家和民族都非常重要。

就管理角度而言，重点在于措施和条件的导向，也就是管理方法、方式和环境等。即使组织成员服从于管理者并自愿或不自愿地投入工作，仍然可能存在以利益为导向或心理为导向的问题。

（六）公平公正原则

在市场经济条件下，公平公正原则是大学生教育管理活动的基础。只有依据这个原则，才能调动各方的积极性，有效地完成高等教育任务和达到高等教育目标。在高等教育中，人是活动的主体，因此必须确保教育的公平和公正，以尊重和激发人的积极性和主观能动性。如果缺乏这种公平和公正，再好的管理活动也难以产生满意的效果，因为这会抑制人们的动力，阻碍他们发挥潜力，从而影响生产力。长期以来，许多管理者忽略了公正和公平的重要性、忽略了员工感受，在管理活动中采取了强制性的手段、通过权力压制别人的意见，并且这种行为还促使错误的发生，导致了管理事业的失败。

在管理实践中，常常会出现由于缺乏公平性导致的失败案例，这些失败案例让原本具有潜力的管理活动或计划最终没有得到有效执行，或者产生了糟糕的效果。

除了上述提及的原则，还有其他原则，如权威性原则和可操作性原则等，此处不再赘述。

第四节　大学生教育管理的现状

总体而言，在我国，大学生教育的管理采取的是中央领导下的分级管理模式，高校与政府之间保持着密切的联系。根据《高等教育法》，全国高等教育事业由国务院进行统一领导和管理；本地区的高等教育事业由省、自治区、直辖市人民政府协调管理，同时负责培养地方人才及向国务院授权的高校提供管理支持。因此，高等教育机构与政府之间一直是密切相关的。目前，大多采用“面向社会、依法自主办学，实行民主管理”的方法。然而，在实际的管理操作中，高等教育机构很难独立存在且无法脱离政府机构的影响。他们需要在财务、人事任命、管理政策等方面依赖政府机构。

政府通常使用的管理途径包括立法、政策制定、资金拨款，然而教育作为一项培养人的活动，需要遵循其内在的规律。如果政府对于教育的管控促进了教育自身的进步，那么它们之间的关系就是协调的；相反地，如果政府对教育的管控对教育自身的发展有害，那么它们之间的关系就是不协调的。在实际情况中，上述两个条件同时存在。教育管理者需要作出各种决策来促进教育的发展和提高教育质量。然而，教育是一个持续时间较长的过程，短时期内可能难以看到期望的效果。如果教育管理者在没有做好充分前期论证的情况下擅自实施或取消某项决策，会对受教育者的长期发展造成极大的影响，而且这种影响完全是负面的。

就微观层面而言，针对高等教育机构内部的管理体制问题进行了主要探讨。从横向看，高等教育机构内部分工明确，各部门分担着不同的职责和任务；从纵向看，大学生的教育管理形成一张上下层级交错的网络结构。在大学生教育管理体系中，需要权衡民主和专制、公平和效率、质量和数量等问题。管理者所做的决定都反映了他们的价值观。大学生教育管理的民主体现在横向和纵向两个方面。就横向而言，它主要表现在学校、家长和社会之间的权力分配，以及学校不同部门之间的权力分配；就纵向而言，它主要表现在政府与学校、学校管理者与教师、教师与学生之间权力的平衡。实质上，分配权力就是分配利益。在分配权力时，责任问题是其中最为关键的。换句话说，管理者必须承担与其所拥有的权力相匹配的责任，保持权责相统一的状态，否则管理就会变成专制。越来越多的大学生教育管理强调以服务为导向，注重人性化的管理方式。在大学生教育管理中，常常采用标准化的管理和评价方法，旨在提高管理效率，而忽略了个体的差异性。我们越来越关注如何在高校中保持公平公正。

从后现代的角度看，目前大学生教育管理面临一系列的挑战和亟须解决的问题。以下是对当前大学生教育管理中存在的四个方面问题进行简要概述。

一、管理结构不够人性化

英国高等教育学家埃里克·阿什比（EricAshby,）提出了一个观点，即有三股力量对大学的发展方向产生了影响，它们分别是政府、大学拨款委员会和专业研究会、大学内在的逻辑。

以中国为例，我国的高等教育由政府掌控，控制整个办学和管理过程，将大学变成行政机构并与特定的行政级别相关联。在传统的教育体系中，常采用科层制的管理模式。现代管理设计思想所发展出的科层化组织，在现代管理思想中体现出了一种工具理性，即组织通过规范化管理，追求组织结构、功能和绩效的秩序化，将组织变成实现既定目标的有效工具。这种管理方式反映了理性管理的本质要求，符合规范化管理秩序的要求。它的权力结构是以某个中心为核心，由高到低形成了权力的等级体系。科层制管理模式的典型特征包括权力中心的存在，同时规章制度是维系该模式的桥梁。科层制是现代工业生产中强调分工协作和注重效率的经典表现。

随着社会政治经济的发展，社会大分工已经成为一种不可避免的趋势。通过社会大分工，个体在组织内部能够专注于个体能力所擅长的事务，避免因为无法胜任工作而降低组织工作效率的情况发生，从而确保各项工作有序进行。然而，随着社会大型分工的出现，个体成了组织链条上相互独立的组成部分，这导致不同部门之间的联系被割裂，从而使整个组织呈现出块状分割的状态。学校形成了一个相对独立的生态系统，与外界接触减少，对外部环境的影响持谨慎态度。

学校组织所显现出的科层取向的显著特征是注重严格的等级制度。在以科层体系为基础的学校组织中，每一个职位都赋予其任职者合法指挥其下属人员的权力，整个组织以服从指令为宗旨。科层制度的运行离不开规章制度的支撑，规章制度规定了学校内各个部门的职责、关系、业务范围和工作程序，使得学校的工作都有可依从的标准和步骤。功能与结构密不可分，因为结构决定了功能的实现。同时，功能的表现也反过来影响着结构的构建。改进学校系统的功能必须与优化结构紧密结合。然而，过于重视科层取向的权威层级管理方式，引发了一系列问题。最普遍的难题是各部门之间经常发生的矛盾和冲突。在校园管理中，决策层（如校长、校长委员会等）与执行层（如教务处、后勤部门）及教职工、学生的操作系统等容易发生意见不合甚至矛盾冲突的情况。特别需要我们关注的是，强制性的学校氛围是由严格的制度管理而产生，在这种氛围下，学生的个性发展将受到严重影响。高校是一个统一的整体，由密切联系的各个部分组成，其目标是促进学生的成长和发展。为了实现这一目标，所有工作都必须以学生的成长和发展为中心展开。然而，这种做法不仅阻碍了学校的正常运转和快速发展，而且与高校的本质不符。

二、管理目标轻人文价值

理性主义认为，现代主义的本质特征在于理性，它是现代思想精髓的理论体现。人是以理性为本质的生物，理性是人类所特有的特质。只有尊重理性，才能真正珍视科学、追求真实和自由。

毫无疑问，科学管理在高校管理中发挥了重要的作用。它使得我们的管理变得更加简单化，提供了快捷方便的解决方案。然而，如果过分追求理性和科学，将其超出人文精神的限制，放弃价值观的指导，则有可能促使科学主义、工具主义和功利主义等不良倾向的滋生。事实表明，在现代主义的观念中，管理方式受到科学主义、工具主义和功利主义的强烈影响，而人文精神却默默地被边缘化。

高校教育管理目前普遍采用量化管理方法实现。强调了使用清晰的数字和具体的行为阐述问题，但却未充分考虑道德因素对教育管理的影响，忽略了教育管理中的价值因素，并主张教育管理是一项与价值无关的活动。例如，以学生成绩、思想品德和日常表现为依据，学生管理采用综合测评的方式，将各项指标量化为不同的分数，并设置了相应的加权系数。虽然这种方法可能有助于筛选出优秀的学生，以便于为进行下一步的奖学金评定和荣誉称号评选做好准备，但我们需要对这种评价体系的科学性和合理性持有怀疑态度。我们如何分辨他们的行为的真实动机是源于道义需要和兴趣爱好，或者只是为了追求学制加分而进行义工和校园文化等活动。另外，评估教师的课堂教学和科研能力时，常常只注重量化指标，而非考虑其实质内涵。

在校园里，“分数至上”的观念仍然是主流思潮。在这种情况下，管理者只关注于实现学校的要求，采取奖励措施或惩罚措施来保持学校内部秩序。管理者只是维护学校秩序的角色，缺乏他们应该具备的内在素质。

由于高等教育组织以人的培养为核心目标，并且将人视为主要关注对象，因此无论是在组织管理过程中还是预设的目标中，都应该注重人的重要性，充分尊重每个人的价值、生命和生活。学校的办学目标、日常管理、发展战略决策及资源分配等，都蕴含着内在的价值因素。

如果我们从管理中剔除价值元素，只依据客观原则做决策，将复杂的管理问题简化，那么，我们注定会失败。如果想要实现全面管理，我们需要超越纯粹的理性思维和科学方法论，认识到管理带有的人文价值。只有这样，管理才能真正服务于整个社会。只有在关注人文方面，我们才能获得智慧的启示，并因此推动大学生教育管理的创新与发展。

三、管理模式忽视差异性

科层制度会导致组织过度强调确定性，以至于可能失去了灵活性和创意。权力链条自上而下地封闭，使人们更加坚信“确定性”思维模式。这种“确定性”导致人们认为自己在组织中的角色和职责都是固定的，使组织的结构变得僵化；同时也使人们变得懒惰，只是接受上级所实行的方式和方法，不再寻求适合自身的方式和方法。这种情况逐渐削弱了个人的主体性和差异性，忽视了其个性，过于强调理性维度，忽略了组织管理中人的情感方面的重要性。目前的高校管理中，这一倾向表现得十分突出。我们通常会使用同一种教育管理理论指导各种类型的学校组织的实践，而忽视了对不同类型学校组织进行研究的重要性。例如，大学可以分为综合性大学、师范类大学、艺术类大学等不同类型，即使在同一所大学中，各院系和专业也表现出不同的个性特点。以前的高校管理并没有充分认识到它们的区别，而是采用了类似的理论指导教育管理实践，这可能会损害学生的个性和差异性。另外，在理论层面上，我们可以说学校的目标管理是在借鉴德国管理学大师彼得·德鲁克（Peter F. Drucker）的目标管理学理论基础之上进行的。在进行移植的过程中，有两个问题可能需要我们进行深思熟虑。第一个问题是将西方企业管理理论简单地套用到教育管理领域，我们需要思考这种做法的科学性及实际应用的成效。第二个问题是关于西方文化下的管理理论在中国是否适用及如何应对文化差异的问题。

第二章　大学生教育管理的功能与组织

本章论述的主题为大学生教育管理的功能与组织，主要对规划与组织功能、控制与协调功能、高校的领导体制、高校的组织结构等四个部分进行分析。大学生教育对应的是高等教育，关于大学生教育管理功能的分析也将从高等教育管理视角进行。

第一节　规划与组织功能

规划是指对事物未来的发展进行预期目标和工作计划的整体设计。对于高等教育规划而言，分为宏观和微观两个部分，从宏观讲，规划是指高等教育管理中的战略发展规划这一事物的有效作用；从微观讲，规划是指高等学校的事业发展规划的功用。规划是管理活动中首要的任务，因此，它的功能也是我们首先必须要弄清楚的。

一、高等教育规划产生的社会背景

（一）经济因素

经济因素实际上有两个方面，一个是国家经济体制的因素，另一个是经济发展的需求问题。20 世纪 50 年代末至 60 年代初是世界经济大发展的时代，伴随着这一时代经济繁荣的一个必然结果是国民对高等教育需求量的增加。而在中国，教育的需求主要与国民经济的发展需求相适应，与国家政治的需求相适应。随着国家政治经济体制的改革，计划经济体制向市场经济体制转变，人及其人力资本成了市场的经济体，人有了资产，人的教育需求有了经济基础，教育的需求问题不仅是国家的需求问题，也成为一种社会需求、一种国民的教育需求。根据恩格尔定律，随着人们收入水平的提高，用于生活必需品方面的支出占整个收入的比例会不断下降，而用于包括教育在内的其他非生活必需品方面的支出占整个收入的比例会不断上升。

（二）人口因素

人口因素主要是指人口增长对教育需求的影响。除了经济因素，人口因素是导致国民高等教育需求量增加的另一个重要因素。第二次世界大战以后，世界人口急剧增长。到 20 世纪 60 年代末至 70 年代陆续跨入了接受高等教育年龄组，使接受高等教育的人口数量迅速增加，直接导致了高等学校学生人数的快速增长。例如，美国 1959—1960 年度在高等学校攻读学位的人数为 321 万人，到 1969—1970 年度，这一人数达到了 792 万人。国民对高等教育需求量的增加对高等教育规划的产生、发展起到了直接的推动作用。因为政府或社会要满足大批国民对高等教育的需求，不仅需要投入大量的教育资源来支撑庞大的办学系统、改善办学条件，而且还要合理组织教育系统、合理利用有限的教育资源等。所有这些，显然都依赖于周密的规划。因此，20 世纪 60 年代后，许多国家开始把制定高等教育事业发展规划作为政府的一项重要的教育管理职能，在不少国家还建立起了专门负责进行高等教育规划的机构，试图能借此确定高等教育的发展目标，以及高等教育系统中各个部分的先后发展顺序，为政府进行高等教育决策提供指南，使高等教育系统中资源的使用尽可能优化。总之，人口因素主要是造成人口增长与教育资源矛盾问题的原因，它是教育规划中教育规模规划的重要依据。从历史或全球看，如果完全由市场决定高等教育的需求问题是不可能的，教育不可能市场化，教育问题不可能完全由市场来解决，特别是中国的现状，教育规划仍然带有国家性。这是因为，目前还有相当一部分国民还不可能完全靠自身的经济能力解决教育需求的问题，还必须依靠国家或者社会解决自身的教育需求问题，主要的解决途径还在国家，靠国家的经费投入和高等教育财政补贴。所以，国家的教育规划特别是高等教育规划就显得十分重要。

（三）人力资本因素

市场经济体制的建立，人力资本是最活跃的因素。人力资本的来源主要是通过教育的生产，人力资本需求越旺盛，教育的需求也越旺盛，人力资本的质量和水平要求越高，对高等教育质量与数量的需求也越高。随着高等教育在社会经济生活中的地位的日渐提高，人们研究教育与经济关系的兴趣日浓，在这种情况下产生了人力资本理论。人力资本理论创立的动力来自经济学家对经济增长问题研究的兴趣。传统西方经济学把土地、劳动、资本看作生产的三个要素，在一定时期内，生产的产量是由劳动、资本和土地三个基本要素的投入量决定的。第二次世界大战后，西方经济学家从对经济增长中生产要素组合比例的分析中发现，影响经济增长的因素除资本的投入和劳动的投入以外还有其他因素。那么，其他的因素是什么呢？人力资本理论把这些因素归结为知识的进步、技术的改造和劳动力质量的提高，即归结为人力投资，特别是教育投资的结果。人力资本理论的核心概念是人力资本，它是指人所拥有的如知识、技能及其类似可以影响从事生产性工作的能力，它是资本的形态，是未来的薪金或未来的偿付的源泉，人的资本形态体现在人的身上，属于人的一部分。人力资本是相对于物质资本而言的，它是一种生产要素资本，对生产起促进作用，是经济增长之源泉，并且与物质资本相比，其在经济活动中的作用更大、对经济增长的贡献更大。倡导人力资本理论的学者尤其重视教育投资的作用，认为教育不但是一种消费，也是一种投资活动，能够提高劳动生产率，产生经济效益。在各种人力投资形式中，教育投资是最有价值的。美国经济学家西奥多·威廉·舒尔茨曾经指出，就美国经济增长而论，已有大量证据表明学校教育和知识的增加是经济增长的主要源泉。作为一种重要的投资活动，就个人而言，个人接受教育可以增加知识和学习技能，提高个人所得。就社会而言，教育为社会培养各类人才，提高其生产力，促进了社会经济的发展。同时，由于个人的教育水平同个人的收入联系在一起，一个人的教育水平越高，其工资收入越高。因此，国家可以通过平均性的教育发展政策减少国民教育水平的差异，从而相应缩小国民收入分布的方差，最终促进社会的平等。人力资本理论对教育与经济之间关系的新认识不仅带来了人力投资革命，而且对教育界产生极大震动。无论是发达国家还是发展中国家，都把教育看成是经济发展的一个重要变量，相信教育的繁荣不仅会带来政治的安定和文化的进步，还必定会促进经济的加速发展。

二、高等教育规划的方法

根据高等教育的需求来自社会和个人两个方面，以高等教育的需求为基础的规划的方法也相应地有两种，一是人力需求法，二是社会需求法。

（一）人力需求法

人力需求法是一种运用得较为广泛的规划方法。其基本假定是第一，经济发展有赖于教育提供促进经济增长所需的各种受过教育和训练的人力，经济各部门的劳动生产率投入与产出结构是可以预测的，每一种产出和劳动生产率的水平都与一种特定的职业结构相联系；第二，每一职业都有最佳的教育结构；第三，技能和教育之间存在对应关系；第四，劳动力市场的过剩或短缺通过发展教育来协调。因此，必须首先借助规划来预计通过高等教育培育的人才的数量与质量，来确定社会需求的总量及各级各类人才的数量，指导高等教育机构完成教育任务。人力需求法的基本原理是以社会经济发展对人力的需求为出发点制定规划。具体地讲，通过了解国家在某一时期劳动力的职业与教育结构和产出水平之间存在的联系，确定高等教育的质量与数量。例如，一般来讲，生产价值 100 万美元的电动机需要 50 个大学毕业的工程师，如果想要提高生产值，增加到生产价值 150 万美元的电动机，按照人力需求的方法，就需要再增加培养 25 名具有大学毕业水平的工程师。根据人力需求法原理，如果知道了以下几个方面的数据，即任何未来年经济部门每一职业所需人力数，每一职业现在人数，每年由于死亡、退休或离职等原因造成的每一职业的减员数，每年离开一种职业又进入另一种职业的人力流动数，便可使规划期每一年人力总数和每一职业的人力总数。假定每一职业的人力仅与一种特定的教育相联系，那么，所有教育层次和所有学科的所需产出就可计算出来。在供应方面，如果具备规划内每一年现行教育制度期望的产出数据，便可计算出目标年每一职业所需补充人力数与实际可供应数之间的差额，据此可以调整和规划各个层次和学科的招生数和毕业生数。从经济与人力资源的需求平衡来预测和规划，应从如下几个方面考虑。

①预测经济总产出。因为人力需求预测的目标是把教育与经济发展联系起来，所以，首先要预测目标年的经济总产出或预测基准年与目标年之间的经济增长率。

②预测部门产出是指将经济总产出分解为各个部门的产出，计算出国民生产总值在各经济部门的分布。这里的部门是指国家的行业管理部门。

③预测部门的劳动生产率是指估算劳动生产率及基准年与目标年之间劳动生产率的变化，把产出目标换算为人力需求。

④预测各部门的职业结构是指把每一部门的劳动力分解为职业组，统计出职业组的需求结构。

⑤预测总职业结构是指将全部部门同类职业所需人力相加，得到为实现经济产出目标所需的每一职业的人力数和综合职业结构。

⑥估计每一职业所需的教育层次和类型或每一部门内每一职业所需的教育层次和类型。

⑦估算附加人力需求是指根据受过教育的各级各类人力的现有储备，考虑计划期内离职和流动人力数，得出按教育水平表示的计划期内所需附加人力数。

⑧平衡人力供求是指根据计划期每年的附加人力需求数和各级各类学生毕业情况，考虑毕业生的劳动参与率，规划每年各级各类学校的招生数。

（二）社会需求法

社会需求法是基于人力需求法，然后对整个社会的政治、经济、文化的发展进行考虑。对于一个国家来讲，它不仅要考虑需求的个体、局部，还要考虑国家的整体，如地区、行业的需求，是更宏观层面上的需求。社会需求法是一种常用的高等教育规划的方法，其思想是以个人对高等教育的需求为出发点，把高等教育个人的投资和消费集合成整体，并尽可能满足个人对高等教育的需求，以这种需求为基础制定高等教育整体规划。同时，社会需求法还要站在更高的角度，预测整个社会未来可能的需求。社会需求法是以个人的教育需求为基础的规划方法，这里的社会需求是一个集合概念，它把个人的决定集合起来。从另外一个角度讲，社会需求法的基本原理是建立一个描述教育系统的模式，用学生从一级教育向另一级教育的流动描述教育系统的活动，因此，人口预测是其基础，升级比例是其最重要的参数，结果是毕业生就业与社会的需求平衡。特别是当一个国家的社会发展与教育之间发生矛盾时，社会需求就会产生作用，极大地影响高等教育规划，并以此预测和规划未来的高等教育。

（三）组织发展需求法

前面我们研究的出发点是在宏观高等教育管理的基础之上的，对于微观高等教育管理，学校组织的规划一般是根据上级教育行政管理部门的要求，特别是根据学校的发展组织制定。学校的发展目标、学校的资源状况是学校组织制定规划的依据，组织发展的需求是制定好规划的动力。

三、宏观高等教育规划

宏观高等教育规划是国家及政府层面上的规划，我们可以称之为战略性的规划和指导性的规划。这一层次上的规划有许多，我们主要分析有关事业发展类的规划。例如，编制国家的高等教育事业发展规划主要有三方面的工作。

（一）提出规划的指导思想

规划要以国家关于高等教育发展的总方针和有关精神为指导思想，以国家教育事业发展的总规划为依据，贯彻科学发展观，加强统筹安排，控制高等学校设置的数量，提高高等学校设置的质量，调整和优化高等学校布局结构。

（二）设计规划的内容

第一，总结和分析前一个时期高等教育发展的整体情况。高等教育的需求与目标完成情况；高等教育资源结构布局情况；高等教育改革情况；高等教育经费情况，特别是高等学校的经费保证和财力支持情况；高等教育办学条件情况；高等教育资源的现状，包括数量分析和结构分析。第二，提出今后一段时期高等教育发展的目标。根据上一个时期目标完成情况，在充分考虑现有高等教育资源的前提下，提出今后一段时间高等教育的总体规划目标，如高等教育的发展规模、发展速度、高等教育的各种结构协调、教育层次的发展等规划。第三，高等教育经费财政保障。提出预算内教育经费增长的政策保障和具体措施，以此作为高等教育发展的前提。第四，完成目标的步骤和措施。

（三）编制规划的程序和方法

地方高等教育事业发展规划相对于国家层面上的规划有些区别，但总的格式没有大的差异。一般来讲，地方政府的高等教育事业发展规划应根据国家的有关文件精神和要求进行编制。规划主要是以党中央、国务院关于高等教育发展的总方针和教育部的有关精神为指导思想，以地方经济社会发展的总体规划和教育事业发展的总体规划为依据，贯彻科学发展观，加强统筹安排，控制高等教育发展的数量和规模，提高高等教育的质量，调整和优化本地区高等教育布局和结构。规划的内容也基本反映在四个方面。第一，本地区前期高等教育发展的整体情况，除了发展的规模、结构、质量、速度，还有前期本地区财政性支出对高等教育支持的情况、本地区办学条件的总体情况、分析本地区高等教育资源的现状，包括数量分析和结构分析。第二，根据本地区前期经济社会发展需要和今后高等教育发展的规划目标，在充分考虑现有高等教育资源尚可利用的剩余容量前提下，提出本地区今后高等教育发展的规划。此规划应包括高等教育的总体规划目标和各级各类分项目标。第三，经费来源和财政保障。提出今后保证本地区高等教育经费预算内事业费年均水平比上一时期有增长的政策保障和具体措施，以此作为本地区本期间高等教育发展的前提。第四，完成规划的具体步骤与措施。同时，地方高等教育规划受国家的指导和控制，国家为了保证各地方、各地区高等教育的协调发展，在确定地方高等教育规划的时候，要提出审查意见，履行审批手续和程序，这体现了《高等教育法》中规定的国家对高等教育管理是由高等教育管理体制所决定的。

第二部分“十五”期间教育改革与发展面临的形势（略）

第三部分“十五”期间教育改革与发展的指导思想、基本原则、战略要点与主要目标

（1）指导思想和基本原则

（2）战略要点

（3）2005 年主要目标

（4）2010 年目标

第四部分“十五”期间教育改革与发展的主要政策措施

（1）依法不断增加教育经费，提高使用效益，保证教育改革发展的基本需求

（2）认真组织实施六项教育工程

（3）努力深化教育、教学改革，不断增强办学活力

（4）不断加强教师队伍建设，努力提高教师和学校管理队伍的水平

（5）大力进行人才培养结构调整，深化用人制度改革

（6）努力营造有利于青少年健康成长的社会育人环境。

四、规划功能分析

因为规划功能是指规划的效用，所以规划的实质内容主要表现在两个方面：第一，规划中的目标的科学性；第二，为达到目标所制定工作方案的可行性。规划是一种预期设计，结果也是预期的。实际上，真正的效用要通过结果来检验，规划中的目标的科学性和方案的可行性只是一种过去经验性的思想要求。目标的科学性主要是指要求目标的确定是通过一定的科学程序完成的，是通过各个层面及专家系统的作用实现的，是经过了科学的研究与论证确定的。方案的可行性是指完成目标的工作步骤和措施是否客观，方案的设计是否考虑到了各工作要素和客观环境条件，是否与这些因素有太大的冲突等。纵观并对比一些高等教育的事业发展规划的历史，现在编制的规划越来越讲求实效，目标的确定越来越清晰，基本上通过定量与定性的指标反映出来。而在这些量化指标和定性描述的背后，是经过了许多人、许多程序形成的。我们下面以高等学校事业发展规划为例加以说明。

（一）顶层设计功能

不论是宏观高等教育管理还是微观高等教育管理，规划是顶层设计。宏观高等教育管理中的规划对于高等教育的大政方针、发展方向和发展目标都进行了宏观的规划，给出了整个国家或地区的高等教育规划发展蓝图。

微观高等教育管理规划是学校组织发展的顶层设计。微观高等教育管理规划中确立的办学思想是学校发展的灵魂。某学校的办学理念是基于邓小平理论和“三个代表”重要思想，秉持社会主义办学方向，全面践行党的教育方针。以科学发展观为指导，遵循高等教育规律，持续推进内涵发展；以教育为核心，以学科发展为主引，以革新创新为推动力，综合提升人才培养品质、学术研究水准和社会服务能力。以本地为基础，面向全国，服务当地和行业，致力于将学校打造成拥有突出优势和鲜明特色的高水平综合性大学。从以上可以看出，学校遵循科

学发展观，准确把握当代高等教育发展趋势，紧紧围绕区域经济和社会发展需求，对当前和今后一个时期学校的发展进行了科学的定位。规划要反映以下六个方面的定位。

①确定发展的目标方向。通过数十年的不断努力，将学校发展为一所综合性大学，具有显著的竞争优势和独特的办学特色。

②确定教育机构的类型定位。通过持续不断的努力，成功将学校从一所重视教学的大学转型为更加注重教学与研究的大学。

③确定教育机构的教学层次。主要侧重本科教育，同时积极开展研究生教育，适度推广高等成人教育和职业技术教育，致力于推进国际合作教育。

④确定学科的范畴。本学校的教育特色是以服务领域为优势学科，注重平衡和协调工科、农科、文科和理科等多个学科门类的发展。

⑤确定培养目标的方向。旨在培养一批基础知识扎实、知识广泛、综合素质优良、富有创新精神和创业能力的高级专业人才。

⑥服务面向定位。立足地方，面向全国，服务地方，服务行业。

（二）战略功能

规划具有国家高等教育发展战略功能、地区高等教育发展战略功能、学校发展战略功能。它是一个战略谋划过程，这是由规划的性质所决定的。

国家和地区的宏观高等教育发展战略把高等教育的大政方针、目标措施等进行系统集成，成为中长期的发展战略蓝图。下面以某学校为例进行说明。

在学校确定的《2006—2010 年事业发展规划纲要》《“十一五”校园建设规划》《“十一五”教师队伍建设规划》《“十一五”学科建设规划》《“十一五”专业建设规划》《“十一五”科技发展规划》的基础上，进一步明确学校总体发展目标和发展战略。

第一步（2003—2005 年），重组资源，融合发展。按照“整合资源、构建平台、提升层次、保障质量”的工作思路，引导学科交叉和融合，构建综合性大学的雏形。

第二步（2006—2010 年），重点突破，内涵发展。按照“稳定规模、优化结构、强化优势、彰显特色”的工作思路，大力实施教育教学质量工程，不断改善办学条件，加强重点学科建设，使学校的综合实力稳居省属高校前列。

第三步（2011—2025 年），将持续稳定发展并不断提高水平。根据“突出创新、强化特色、全面提升、争创一流”的工作计划，不断提升学校的教育教学和科学研究水平，全面提高学校实力，增强其在国内和国际上的知名度。致力于用 20 年的时间，建立一个优势突出、独具特色的高水平大学。

1. 规划确定学校发展的具体目标（具体内容略）

①学科水平大幅提高。

②人才培养质量全面提高。

③办学效益明显提高。

④师资队伍建设上新的台阶。

⑤科研实力上新的台阶。

⑥校园建设上新的台阶。

2. 规划提出实现目标战略的具体措施

（1）实施重点学科建设，全面提高学科建设水平

①精心实施学科建设规划。

②创新学科管理体制和运行机制。

（2）实施“质量工程”，培养高素质创新型人才

①实施人才培养“质量工程”。

②深化教育教学改革。

③强化学生实践动手能力。

（3）实施“人才工程”，建设高素质的师资队伍

①实施“人才强校”战略。

②营造人才成长的良好环境。

（4）实施“校园建设工程”，改善办学基本条件

①加快校园规划建设。

②大力改善办学条件。

（5）构建学术平台，增强科技创新能力

①加快科技创新体系建设。

②推动科技与经济社会发展的结合。

③加强对外合作和学术交流。

（6）深化校内管理改革，提高管理水平和办学效益

①完善校、院（系）两级管理模式。

②深化人事分配制度改革。

③推进后勤社会化改革。

（7）加强党建和思想政治工作，保障学校改革和发展

①加强领导团队建设。

②加强精神文明建设。

③探索民主管理的运行机制。

（8）建立健全规划实施机制，确保发展目标的实现

①加强财源建设。

②健全完善规划的制定、协调机制。

第二节　控制与协调功能

高等教育管理的实施过程很重要的一部分是控制与协调。控制是对组织运作及组织活动进行规范性干预，大都是制度性的、行政性的，甚至是强制性的干预。而协调除了有些是通过控制的方法，更多的是用技术和软性的方法解决管理活动中的问题和矛盾，包括通过管理艺术化解矛盾。这里我们也主要研究控制问题。

一、高等教育目标控制

（一）高等教育数量目标控制

我国高等教育数量曾经历过三次大发展：第一次，1958—1960 年，在校生规模从万人增加到几万人；第二次，1983—1985 年，学校数从 805 所增加到 1016 所，在校生从 120 万人增加到 179 万人；第三次，1992—1993 年，在校生年递增分别为 22% 和 21%。我们注意到，大发展的背后也经常伴随着对原有目标的突破。例如，1992 年，普通高校本专科招生年初的计划数是 62.8 万人，而执行数却是 75.4 万人；到了 1993 年，原计划招生总数为 78.6 万人，但实际执行数

为 92.4 万人。同时，几乎每次高速增长后都要经历一个调整、整顿的过程，并且，其中主要依赖政府的行政干预，这种反馈式控制从短期看可能是有效的。再如到了 1994 年，由于政府的宏观调控政策，整个国家的招生规模基本实现零增长，但事实上，单纯的事后政策干预非但不能够真正保证中国高等教育的长期健康发展，有时反而助长了发展规模上的大起大落，也就是容易出现所谓“矫枉过正”的现象。

从世界的经验看，高等教育数量扩张的原因大致有：第一，经济起飞阶段对专门人才需求的急速增长；第二，政府对高等教育的政策倾斜和巨大投入；第三，某些社会大变动后造成的对高等教育政策的变革等。就中国情形而言，招生问题上的主要矛盾是政府每年对招生规模的限制与地方和学校面向社会自主办学的需要（包括招生计划编制调控上享有的自主权）。目前我国普通高校招生计划管理的现状是每年由教育部和国家计委根据国家经济和社会发展的总体规划，经过综合平衡，提出当年全国普通高校年度招生总量，各省市和中央各部门在国家宏观计划和方针政策的指导下，根据本地区、本部门的实际需求、生源情况及所属普通高校的实际办学条件，编制本地区、本部门的招生计划。但存在的问题是，地方高校是由省级政府部门管理的，中央部属高校由主管部委管理，地方高校和中央部属高校招生计划互不相通。这种条块分割状况，造成有些院校的专业因人才需求所限而无法保证一定的规模，而有些专业人才的培养一哄而上，专业重复设置现象严重。这两者都造成资源的浪费。对于各高校来说，在激烈的生源市场竞争中谁也不甘落后，只要政策一有松动或有可变通之处，就有可能出现招生超计划的现象。所有这些都给国家对招生数量的有效控制带来了障碍。

在控制高等教育数量目标时，需要明确政府主管部门和学校的职能、权利和义务的区别。政府应当在宏观调控方面发挥的作用包括以下几方面。

①及时向学校发布准确的人才需求信息，此信息涵盖数量、水平、规模、学科、专业及地域等相关需求。

②起草长期发展计划，为学校制定全面指导策略。

③根据学校的设施条件，合理确定招生规模。

④拟定助力学校发展的指引、政策和行动计划，以确保学校在发展过程中不会过度受到市场因素的干扰，保持相对稳定的发展。

⑤定期评估学校并利用其结果来改善学校的办学条件、决定是否能够继续享有一定程度的招生计划自主调节权，是一项重要的措施。

要使学校自主调节招生计划成为一项有效且可持续的工作，必须确保以下条件得到满足。

①学校需研究制定中长期发展方向、目标和规模，并经过主管部门批准。

②学校应当承担相应的责任，包括但不限于教学质量、科研水平、产业发展、学校管理和办学条件。

③在政府宏观指导下，学校逐渐实施了自我增长、内部规范和自我管理的机制。

（二）高等教育质量目标控制

1. 高等教育的质量标准

从高等教育增长方式的角来看，我们可以将高等教育目标分为数量目标和质量目标。这样的划分可以帮助我们更好地明确高等教育的发展方向。我们可以从高等教育所扮演的角色审视其目标。随着社会的进步，高等教育发展趋向多样化，其目的主要是保存和传承人类已有的文明成果，以及培养和提高公民的素质；探索未知的领域，推动科技和文化的发展；应对社会对人才培养及科技发展与应用等方面的需求。

由于现代高等教育有多种目标和功能，因此，评估高等教育质量的标准也不是唯一的。学术标准虽然至关重要，但并不是唯一的关键因素。除了学术标准，高等教育还需要考虑其“适切性”，即是否符合社会发展的需求、是否符合学生身心发展及职业发展的需求等。通常情况下，高等教育系统注重学术标准和学科内部逻辑的教学和科研，而社会各方更注重高等教育的现实适应性和实用性，如用人单位、学生及家长等。例如，在规划课程和教学内容时，需要考虑是否有助于未来就业；如果在支付学费的前提下，是否能够获得更高的教育回报；高校的科研是否能够为企业创新产品和工艺提供支持，进而产生可观的经济效益；等等。在理想状况下，高等教育应该综合考虑学术、社会需求、受教育者的意愿和能力等不同方面的因素提高教育质量。专家在高校质量评估标准中也致力于全面考虑这些因素。例如，一份报告详细列举了评估学校教育成果的指标，包括学生在校率和毕业率等内容；学生普通的学业表现；学生在主修专业方面的表现；学生在完成教育目标后所展现出的能力，即指其对于所学知识的理解能力；学生情感发展；来自学生、毕业生、雇主和中途退学的学生关于专业教育质量的观点；就业比例；对于研究生和职业教育等专业就业率和表现的说明；学生在从两年制学校转入四年制学校后的状况；对大学生和研究生成就的外部认可水平。

在实际操作中，兼顾各因素是困难的。但是如果我们根据不同的质量标准（尤其是学术标准），将高等学校作适度分级，问题的思路可能会变得清晰些。同一课程在不同性质的学校的专业里，其学术性程度是不同的，衡量这门课程的质量标准自然也不同。如工科教育中的数学课和理科教育中的数学课是不一样的，前者强调数学作为一门工具性课程的实用价值，而后者十分注重数学课的逻辑性、探索性。推而广之，每所学校根据不同的功能定位，其学术水平的要求可以有差异，每一层次的学校可以在同类中进行竞争，并进一步进入更高层次的学校行列。正如美国学者伯顿所说，高等学校的分级制度可以而且往往是质量控制的一种管理形式。它利用公众舆论和院校评议，根据觉察到的能力给各校以应有的地位、尊重和待遇。

截至目前，高等教育的质量标准没有统一之说，宏观的质量标准反映在适应度，主要是指高等教育与社会经济发展的适应度，科学技术与科学文化知识创新水平、培养的人力资源的数量与质量是高等教育适应度的主要内容。高等教育组织办学的质量标准正在探索和完善，特别是综合考察学校办学的质量、水平、效益等，已经逐步成为高等教育质量标准的主要内容。目前我国评价大学质量标准方面的研究有些进展，但主要是在教学与学术方面，还不完全是学校的整体质量。

2. 高等教育质量控制手段

从时间上看，高等教育质量控制可分三类。

（1）前馈控制

前馈控制的主要目的是在高等教育质量设置和运行方案设计阶段进行控制，以最大程度地避免可能出现的问题。

（2）过程控制

它关注高等教育质量活动的执行过程是否与高等教育目标相适应。为确保高等教育的质量，需要经常进行中期评估，及时诊断并调整问题，而不是等到离目标过远时才采取措施。

（3）反馈控制

反馈控制绝不是活动全部结束了，对活动的结果进行信息反馈来加以控制，这是一个误解。反馈控制是在管理活动的过程中，对于某项活动的运行状况随时进行信息反馈和控制，当然，这一活动一定是指一个有结论的过程，对于没有按照规定的目标和要求而出现的情况进行调控。当然，终结反馈也是必要的，终结反馈的结果只能是对下一个循环进行调控。要注意反馈信息渠道的正常与多元，避免错误反馈。通过建立专业性鉴定委员会等方式加强反馈信息的权威性，不应将事后的质量评估视作工作的终了，而应积极地为新一轮工作、活动提供质量控制、工作改进的建议。

高等教育的质量控制还有评估、标准化质量管理等多种其他控制手段。

二、高等教育行为控制

规范高等教育的行为是高等教育管理控制功能的首要任务。高等教育行为主要在两个方面是必须得到控制的，一方面是高等教育的方向性，另一方面是高等教育的各项活动的行为规范性。

（一）高等教育的政治方向

根据教育的国家性和民族性，一个国家的高等教育不可能完全没有政治性。在阶级社会里，有些事关国家政治、军事、经济、文化安全的知识和技术是有国界的，这是不言而喻的。从国家的民族性和人才战略来讲，人力资本除了是自身的以外，还有一部分是国家的，因为中国的高等教育不完全是自费教育，这里有国家的投入，为国家服务是每一个受教育者的责任，从这一个角度讲是一个政治问题，国家的投入不能培养自己对立面的人。很简单，任何一个投资人都不可能出钱培养反对自己的人。所以，高等教育的政治方向的问题就好理解了，那么，国家对高等教育的政治方向的控制也就成了必然。

（二）高等教育行为规范

任何的管理活动都是人的活动行为，不论是宏观管理还是微观管理，行为控制也许是管理活动中最复杂的课题。原因一是人的行为很难精确测量，因而很难判定它与目标究竟有多大程度的偏差；原因二是对人的行为规律的了解还很肤浅。近十多年来，随着心理学和行为科学的发展，不少学者对行为控制问题做了较深入的探讨。高等教育活动的人是由多个个体组成的人群，对于人群的行为规范就显得更为重要。

1. 高等教育组织行为的管理

从微观高等教育管理看，高等教育领域的教学与科研活动属于高智力型活动。高校的教师和学生致力于知识的探索与传播，他们在实现高等教育目标的活动中的各种行为有别于其他社会组织。但是，普通的组织行为管理技术对于高等教育系统中的行为控制仍然是很有价值的。它立足人的行为和环境的相互作用，试图通过对环境条件的控制实现对人的行为的控制，从而促使人的行为向预期的方向发展。通过强化满足条件后，得到的预期结果以改进行为的工作，根据具体的人处理各种预期的结果，及时提供程序性的行为规范。在高等教育管理中，要帮助高等教育系统的成员形成良好的职业行为，就需要为他们创造条件，也需要优化某些满足条件后才能得到预期的结果。

2. 组织行为的修正

组织行为的修正主要是针对那些与完成工作任务不一致或不协调的行为，因为它们不仅会影响组织目标的实现，而且还会导致组织的功能障碍，威胁到组织的生存。组织行为修正技术包括以下五个环节。

第一，鉴别与工作有关的行为事件。和组织行为管理技术一样，它特别重视外显的行为，而不重视态度之类不可直接观察的变量。它只鉴别与工作有关的事件，而不考虑与工作无关的事件。

第二，测量行为。它包括观察行为，记录行为，然后根据记录的结果描述各种行为，以引起人们对这种行为的注意。

第三，对行为进行功能分析。它包括将行为和各种环境变量分解成功能因素，找出行为和环境变量（事件）之间的关系。最终找出影响和控制行为的因素，为修正行为提供科学基础。

第四，寻找修正行为的途径和方法。其中包括三个步骤：步骤一，在分析行为功能的基础上分析行为与环境事件的联系，找出因果关系链，并确定采用何种方法去修正行为；步骤二，应用和实施修正技术，通常的手段有强化、惩罚、消退或这些手段的相互结合；步骤三，采取适当的强化方案，维持期望的行为。

第五，对整个工作进行评价，确定修正的方法是否妥当，为以后碰到类似的问题提供科学依据。

三、高等教育财务控制

高等教育财务控制是高等教育系统内部各机构通过一系列的管理和监督方法，有效地管理和监控货币资金的筹集、分配和使用。这样可以确保使有限的教育经费得到最大化的利用，以达到预期的目标。

高等教育领域的财务控制，跟其他社会系统的财务控制相似，主要包括预算编制、会计核算、决算处理和审计四个方面的活动。

（一）高等教育的财务预算

经费编制、分配、执行、调整和分析等一系列过程，是高等教育财务预算中的重要环节。高等教育预算过程的基本目的是确定从中央到地方主管部门、从大学到学院、从学院到系科、从系科到教学科研人员等的资源分配和调整。在确定预算拨款时，要对资源可选用的方案作出明确的选择。因此，高等教育的预算的核心问题是根据什么要把 X 款项拨给 A 项活动而不拨给 B 项活动。

高等教育财务预算工作是有计划的，这也意味着它是财务管理的重要组成部分，并可用作管理控制的手段，即一种前馈控制模式。一般而言，它表现出以下特征：第一，定期进行预算及价值计算；第二，预算需按照一定的层级结构进行有序组织；第三，预算的使命是确保教育计划的成功实施，推动教育成果的不断增长。

高等教育的财务预算可以按照不同的方法进行分类。根据其编审程序的不同，可以将其分类为以下几种。

第一，概算是指对下一年度预算编制的粗略计算。

第二，拟定预算是指尚未经过特定审核程序的年度收入计划。

第三，法定预算是指经过特定程序批准而生效的合法预算。

第四，分配预算是指根据法定预算范围，进行预算的分配和实施。

如果按照时间的先后顺序分类，那么高等教育的财务预算可以区分成四种不同的类别。

第一，经常预算是指正式的常规预算。

第二，临时预算是指正式预算确立之前暂时实行的假定预算。

第三，追加预算是指在原核定的预算总额以外增加收入或支出的数字。

第四，非常预算是指为应付意外事变所做的特殊预算。

由于经费的使用权和审批权被人为地机械操作或死板地管理，导致出现这样的现象：A 单位还不到年底经费就被用完了，而 B 单位到年底还剩一大笔钱，于是突击花钱。这两个单位均导致经费使用效益的低下。

20 世纪 60 年代后期，世界上出现了建立在传统经济效率基础上的合理预算法，其中有两种主要的模式，第一种是使用高度集中的宏观经济理论方法制定预算的计划、程序和预算系统法；第二种是使用更微观的经济概念，以分散化为特点的零点预算法。

计划、程序和预算系统法试图通过将计划的目标结果作为高校执行预算的一个必要的组成部分，把预算和计划合二为一。美国审计总署对计划、程序和预算系统法下的定义是制订计划包括对该组织的长期总目标进行选择与鉴定，以及根据费用、效益对各种实施过程做系统分析；程序上要求在贯彻执行计划之前决定具体的行动步骤；预算编制承担着将计划决策和程序决策转变成具体的财政计划的任务。传统的预算方法不以产出为指导，强调过去而不强调将来，强调对资源的需求而不是其使用结果，不强调资源如何与目标联系。而计划、程序和预算系统对各项目标有明晰的考虑，着眼于多年而非仅仅一年的所需费用，对实现目标的各种方法加以分析，以及对各种预算选择的利益或效用进行评价等。

计划、程序和预算系统法主要涉及基本政策的制定及高度集中的、自上而下的决策行为。零点预算法是把目标转换成有效行动计划的一种微观经济学方法。它要求对每年的每项活动从零开始重新进行全面论证，以便建立新的预算。具体而言，此种方法有以下四个步骤：步骤一是每个预算单位要制定出描述一项活动、功能或目标的一系列决策方案，并阐明供选择的服务等级；步骤二是预算申请要按递增顺序从低水平到高水平排列；步骤三是对不同经费增加额的影响要进行论证；步骤四是增值决策方案要按优先次序排列。决策方案应包括决策单位的目标、设想活动或其他方案的具体描述、活动的费用及效益、工作量及成绩的测定、不同水准上的工作及其收益。总之，零点预算模式的核心是对提供选择的支出方案进行规范化比较。

（二）高等教育的会计与决算

在大学里，会计使用货币作为主要计量单位，对学校的财务活动、预算执行和结果进行反映、监督和管理的一种财务控制方式。它包含了三个方面：第一，会计核算。记录和计算学校的经济活动和预算执行情况，持续更新并制作相应报表；第二，进行会计分析。基于会计记录、财务报表及其他相关资料，进行财务状况的分析和探讨；第三，进行会计检查。通过审阅会计凭证、账簿、报表和其他相关资料，检查相关单位的业务活动是否合法、合理，会计核算资料是否准确，以及是否执行了财政政策和财经纪律。

会计的主要职责是记录和监督特定范围内的资金使用情况。会计的职责主要涉及以下方面：第一，根据相关法规和规章制度编制预算并积极履行；第二，要做好财务管理工作，增强现金流控制能力，确保结算、核算工作的有效运作，从而提高资金运用效率；第三，必须对高校进行所有经济活动的正确、完整、及时的记录，以编制凭证，登记入账并上报会计报表。

高校的决算是对全校年度预算执行情况进行总结的书面报告，它反映了预算的实际结算情况。当预算年度接近结束时，学校开始制定决算，进入财务决算编制阶段。通常，在编制决算过程中，首先需要完成六个步骤：第一，确定并公布相关的编制决算规定；第二，进行年度收支结算；第三，起草并发布决算表格；第四，完成年度财务结算工作；第五，制定财政预算并进行决算；第六，提交上报。

（三）高等教育的审计

高等教育在财务审计方面，主要分为国家审计、部门审计和必要时的司法审计。大学中，审计工作是指检查会计账目、监督相关财政或财务收支活动的一种财务控制活动。审计主要评估财务活动的五个方面，以便作出判断。

（1）合理性

合理性是指对经济活动进行审查和检查，以确定其是否符合相关规章制度的要求。

（2）合法性

审核检查的合法性是确保经济活动符合国家法律、政策、法令或条例的重要措施。

（3）合规性

合规性是指审查经济活动是否符合正常或特定情景下应发生的原则，以及是否符合学校管理的准则。

（4）有效性

有效性是指审查经济活动是否具备经济收益。

（5）真实性或公平性

真实性或公平性是指对经济活动的信息进行审核检查，以确保其准确、适当地反映所要表现的经济活动。

根据审计的目标和内容，可以将审计分为两类。

（1）根据审计的范围分类

审计范围包括财政财务和经济效益两个方面。财政财务审计是指审查财政财务活动，以确定这些活动符合法规和合法性。经济效益审计会审查项目实现经济效益的程度和途径，旨在提高经济效益。

（2）根据审计的主体和被审计单位之间的关系分类

审计可以分为外部审计和内部审计。外部审计是指由非内部审计单位的国家审计机关、上级审计部门或私营审计组织进行的审计。内部审计是指本校审计部门承担内部审计工作。

国家已经对审计部门的各项任务作出了详细的规定，其中的重点包括以下几个方面。

①监管财务收支计划、经费预算、经济合同等的执行情况。

②监管和审查企业内部控制制度的完善程度、有效性及执行情况。

③审核会计报表和决算的真实性、准确性、符合法规和合法性，并在其上签署审计意见。

④对涉嫌严重违反财经法规的行为开展专项审计。

为了完成对高校财务的审计工作，审计部门具备以下主要权限。

①核查会计凭证、账簿、报表、结算、资金、财产等相关的信息。

②检索相关文件和资料；举行或出席相关会议。

③开展审查调查并获取相关资料。

④提出相关看法和建议。

⑤对各种不按规定、违反财经法纪的人员或做法提出处理措施，并向有关领导部门反映审计结果。

高校内部审计工作有以下几种组织实施方法。

（1）系统审计

系统审计是根据学校办学特点，组织有关基层单位针对特定项目，系统开展审计活动的一种方法。

（2）专题审计

专题审计是分别按各个职能部门所主管的业务，开展专题性内部审计工作的一种方法。

（3）同步审计

同步审计是在同一时间内，对两个以上所属单位审查内部相同业务的一种内部审计工作的组织方法。

（4）轮回审计

把下属单位按邻近原则，划分成若干片区，成立片区审计小组。片区审计小组在内部审计部门的指导下，按规定审计内容，有计划地、轮回地对本片区各单位进行审计。

（5）审计调查

针对本单位经济活动中带有共性和倾向性的问题，对不同下属单位做内容相同的调查，以便摸清情况，及时为领导决策提供信息。

在审计工作中，还有一项重要的任务是作业审计，其目的是审查各项作业在财务、经济和效益方面的合法性、合理性和有效性。例如，针对引进某种仪器设备或进行某项教学改革等任务，都可以进行作业审计。除了使用财务审计的方法，作业审计还需要运用一些技术分析方法，如网络计划技术、线性规划技术、价值工程和价值分析技术等。除了审查与作业有关的财务问题，作业审计还需要检查作业管理层面的表现。这种审计可以在作业项目前、中或后进行。

审计工作中另一个重要方面就是合同审计。目前，随着高等教育的发展，高校与社会经济生活建立了越来越广泛的联系，与高校有关的各种类型的合同越来越多。合同是不同法人之间为实现一定目的，明确相互权利义务关系而订立的协议。它涉及有关法规、规定，需要就合同的合法性、有效性和完整性进行审计，因此，合同审计对于保障合同双方的合法权益非常重要。具体而言，合同审计的主要内容有以下几方面。

①检查合同管理制度是否健全。

②检查签约双方是否合格，是否具有执行合同的能力和诚意。

③检查合同内容是否符合有关法律、法令和条例。

④检查合同是否完备，措辞是否准确。

⑤检查合同内容是否可行。

四、高等教育的宏观调控

高等教育的控制不仅包括一些技术性的环节，也与在发展过程中与制度性的宏观调控水平的高低有关。这种宏观调控对高等教育发展的影响力往往更为深远。这里所指的宏观调控手段包括高等教育立法、高等教育政策、高等教育财政拨款等。

（一）高等教育立法

在过去，中国高等教育的管理方式与计划经济相一致，高等教育是由党中央集中统一领导，法律不够明确，颁布的法规通常以“暂行条例”“试行草案”“讨论稿”“纲领”“通知”“指示”或“会议纪要”等形式出现。这些法规的适用缺乏稳定性和科学性。高等教育法律法规的不断变化是高等教育稳定发展的阻碍之一，因为这些法规导致管理制度规定文本的经常性变更。同时，对措辞本身常常存在模糊解释，缺乏准确性，从而难以实际操作。另外，法规的内容并不涵盖所有方面。新的法规内容更多地强调调整教育内部关系，而非调整教育与外部关系。同时这些法规更多地着眼于规范学校，而非规范教育行政领导部门。虽然这些法规的限制性条款较多，但是保护性条款较少。大多数法规主要关注义务，而非权利。因此，很少有具体且明确的条例规定学校、教师和学生的办学权、教学权和学习权。

《高等教育法》于 1999 年 1 月开始生效，这是中华人民共和国的第一部高等教育法规。这份法律在总结近 20 多年我国高等教育改革所获得的成功经验方面表现出色，同时也为未来的改革明确了原则和方向。但实际情况表明，一些原则和方向仍需要更明确的阐述。按照第十一条的规定，高等学府须自主的运营，并以民主的方式进行管理，同时向社会各界开放。根据第十条规定，高等学府内进行的科学研究、文学艺术创作和其他文化活动是受到国家法律保护并享有自由。根据第三十条的规定，高等学府的法定代表人应为其校长。这些条款的要求还没有完全落实到现实中。因此，《高等教育法》的充分实施需要一个逐步的过程。

（二）高等教育政策

市场经济条件下，高等教育也将受到市场这只“无形的手”的控制。高校以自己的办学特色多样、专业各异展开对生源市场的竞争；政府与高校之间通过科研成果的买卖关系，使后者从前者那里获取研究经费，促进学术水平的提高；学校通过对教师和行政人员的评聘，促进学校内部办学机制的改善，形成不同的学校类型、学科及教育层次。那么，当法律形成滞后时，政府的高等教育政策必须适时作出调整，以保证上述高等教育运作的顺利进行。实践表明，如何保持行政干预（以政策形式）和市场调节的平衡是一个重大而棘手的课题。对于习惯于计划经济思维模式的决策者来说，要真正具有适应并驾驭市场的能力，还有很长一段路要走。尤其是在当前形势下，关于高等教育的本质，我们的认知在不断加深，许多我们惯常认为正确的观念都会受到形势发展的严峻挑战。高等教育政策应该以更先进的视角制定，跟上形势的变化而不是落后于形势的变化。高等教育的决策过程必须趋向于科学化和规范化。必须对政策的实施过程进行严格的制度保障和监督。否则，“长官意识”和“表里不一”的现象将无法避免。高等教育政策要发挥其应有的宏观调控作用，需要避免被错误解读，否则会导致高等教育质量和效益的降低。

（三）高等教育的财政拨款

高等教育财政以其拨款的原则和标准引导、控制高等教育发展的方向。例如，在美国采取“卓越质量原则”，鼓励公平竞争，因而财政资助大部分集中到少数历史悠久、研究力量雄厚的著名大学，其中大多数为私立大学。另外，美国联邦政府还给高等院校其他形式的间接资助，如减免资助高等教育个人或组织的税收。中国的科研经费由国家科委和其他有关机构及各级政府设立的多种科学基金组织发放，这些基金会以课题项目的方式向社会广泛招标，任何高校和研究机构都可以递交申请。事实上，各校获得经费资助的机会并不均等，一般教育部属的重点大学往往获益较多。在“条（中央、地方）块（省、部委）分割”的管理体制下，在部属和省属院校之间获得科研经费存在较大悬殊。在此种制度下，由于缺乏足够的公平竞争机制，通过财政资助方式引导学校向质量卓越方向发展的愿望自然无法真正实现。过去几年，“211 工程”的实施较好地将财政资助中“点与面，中央与地方”结合起来，体现了效率优先的原则，考虑到国家对高等教育有重点发展的要求，各省均对自己管辖的重点大学积极投资，扶植重点学科、专业，使高等教育与地方建设的关系更为密切。当然，这种资助方式的实效有待更长时间的检验。就目前情形而言，高等教育资助中仍然存在如何公正、公平、公开配置有限资源的问题，一些地处较发达地区的高校因为新的资助政策，往往比那些处于落后地区的高校享受到更多的好处。在这种趋势下，高等教育必然只能走“非均衡”发展的道路，但问题的关键似乎已不仅是资助方式本身，高校自主发展空间和权利将更是决定性因素。

第三节　高校的领导体制

高等学校的领导体制是高等学校基础制度的核心，它是由多个重要因素相互作用而成，形成了一个有机的整体。高等学校的领导关系和基本管理模式由领导体制规定，其对高等学校的管理掌控具有全面的影响。高等学校的领导机构的构建具有独特性，这是由所在国家的政治和经济制度所决定的。

一、领导的内涵

（一）领导的定义

在管理活动中，领导是关于人的问题的基本职能。而“领导”一词有两种词性含义，第一种是名词属性的“领导”，即领导者，有时也指一定的地位集团，第二种是动词性质的“管理”，是指管理工作和管理职能，领导者通过执行管理任务推动被管理者努力实现组织的既定目标。领导在管理学中是指一种职能，领导者通过自身的影响力，指挥、带领、引导及激励被领导者或追随者，以便达成组织的目标。这是一种艺术，需要领导者不断地磨炼和提升自身的技能和能力。[①]

从对领导的描述可以得出，领导具有以下三个主要内容。第一，领导是指领导者通过引导、指导和激励被领导者来完成任务、达成目标的行为过程。第二，组成领导的主要因素，包括领导者和其被领导者。在领导与被领导的关系中，领导者对被领导者产生的影响，通常比被领导者对领导者的影响更强烈。被领导者的追随和服从不仅取决于领导者的职位和合法权利，还受到被领导者的意愿影响。第三，领导必须具备目标取向，即领导行为必须朝着组织目标的方向发展。不应出现仅是为了领导而领导的情况，同样也不应仅是为了彰显领导的权威而去领导。

归根结底，领导的主要任务是通过影响被领导者，共同努力实现组织的目标。

（二）领导的作用

在管理活动中，领导主要起到指挥、激励、协调的作用。

1. 指挥作用

领导最基本的作用是指挥作用，即统一指挥组织内部各项管理事务。领导的指挥作用可以避免因多头指挥而产生忙乱低效的状况。需要注意的是，作为领导者，可以越级检查被领导者的工作，但不可越级指挥；作为被领导者可以越级向领导者反映情况，但不可越级请示工作。

2. 激励作用

从心理学角度看，领导者必须能够激励被领导者为本组织的目标作出积极的贡献，同时又能满足各种各样的个人需求。只有这样的领导者才能激发组织成员工作的积极性，提高组织成员的工作效率。而领导者要想发挥好激励的作用，就要适时进行激励，要因人而异，要多管齐下。

3. 协调作用

领导的协调作用是指协调组织内部和外部各单位、部门的工作或活动，使其建立起良好的协作关系，以便能够有效地实现组织的宗旨和目标。领导协调作用

① 周学锋．管理学[M]. 合肥：安徽大学出版社，2012：227.

的发挥主要表现在对外和对内两个方面。对外协调是指代表组织对外交涉，维护组织利益，协调组织与外部的关系。任何层次的领导者，都要或多或少承担这方面的作用。对内协调是指对组织内部的各部门、各单位之间存在的矛盾进行协调。协调是领导和管理者重要的管理技能，做好这项工作，有助于妥善处理企业内部关系。

（三）领导的理论

有关领导的理论，在当前研究和运用比较多的是领导特质理论和领导行为理论。

1．领导特质理论

领导特质理论主要关注领导人必备的核心素质，以便在选拔领导人才时能够有一定的衡量标准。20 世纪二三十年代流行的是传统领导特质理论，该理论主要研究伟人，研究的目的是找出哪些因素使得某些人成为领导者，主要关注的是在社会、政治、军事等方面具有杰出天赋和特点的人。在 20 世纪中期，研究者们开始质疑领导者特质研究的有效性，并提出了对特质研究法的质疑。人们开始认识到环境因素对领导力的影响，即领导者的优秀特质只是成功的必要条件而非充分条件。大量的研究致力于领导者的特质，其中美国心理学家拉尔夫·梅尔文·斯托格迪尔（Ralph Melvin Stogdill）是最系统和完整的研究者。经综合了一百多项特质研究后，他在 1948 年到 1974 年期间进行了概括和提炼，旨在揭示领袖特质的普遍规律。1948 年，他分析了 1904—1947 年间的 124 种特质研究，提炼出 8 个方面的领导特质，即才智、机敏、洞察力、责任感、主动性、耐力、自信、社交能力。他认为，拥有这些特质并不能保证领导者成功，还需要考虑领导者所处的情境，即某种情境下成功的领导者，并不意味着在另一种情境下也成功。他发表于 1974 年的研究分析了 1948—1970 年间完成的 163 种特质研究，这次他概括了 10 种领导者特质，即责任感与完成工作的内驱力、追求目标的激情与恒心、解决问题的冒险与创新精神、勇于创新的内驱力、自信和自我认同感、愿意承担决定和行为的后果、有接受人际关系压力的准备、能承受挫折与延迟、能影响他人的行为、能适当处理人际关系。

美国心理学家吉伯（C. A. Gibb）在 1969 年的研究指出，真正的领导者应该具备七种特质，包括口才流利、外表出众、智商超群、自信心强、心理健康、善于掌控他人，以及外向而敏感。这些早期的研究存在三个方法论方面的缺陷：第一，过于强调领导者天生的特质，认为领导能力主要取决于先天遗传，而忽视了后天教育的影响价值；第二，就研究方法而言，过于关注领导者个人特质的列举，未能有效阐明这些特质之间的相互关联；第三，无法明确说明这些特质对于领导力的贡献程度。20 世纪 90 年代起，现代领导特质理论开始流行。该理论强调领导是一个不断成长和变化的过程，领导者的特点和品质是通过实践不断形成的，并且可通过教育、训练和培养发展。

领导者需具备的六种特质，即进取心、领导欲望、正直与诚实、自信、智慧和业务知识（表 2–1）。

表 2-1 现代领导特质理论

特质名称	内涵
进取心	能够反映高水平努力程度的一系列个性特点
领导欲望	领导者有强烈的愿望去影响和领导别人，表现为乐于承担责任
正直与诚实	领导者言行一致，诚实可信
自信	对自身能力和技能的相信程度
智慧	确立目标、解决问题和作出正确决策的能力
业务知识	所属领域知识的掌握程度

经研究发现，领导者的特质有很多并不是天生的，而是通过努力得到的。

这一理论系统地分析了领导者的能力、品德和行为方式，提出了明确的要求和期望，对于组织选择、培养及评估领导者具有极大的帮助。

2. 领导行为理论

领导行为理论的研究重点是探究领导者的行为方式，以及这种行为对下属的影响，旨在寻求最有效的领导方式。在研究领导行为理论方面，有很多理论值得关注，其中领导行为四象限图理论与管理方格理论的影响最为深远。

（1）领导行为四象限图理论

领导行为四象限图理论是美国俄亥俄州立大学的研究人员弗莱里曼（E. A. Fleishman）和他的同事们共同研究出来的。他们把评价和鉴别领导行为的因素或项目，可以描述为定规维度和关怀维度。其中，定规维度所表示的是领导者为实现组织目标，设定并建构自身与下属角色向某一方向倾向的程度。关怀维度表示一个人对下属工作关系的程度，即表现出信任、尊重和情感上的关注。通过这两个维度，形成了四种类型，即：高关怀－高定规型、高关怀－低定规型、低关怀－高定规型和低关怀－低定规型。

（2）管理方格理论

管理方格理论是在基于领导行为四象限图演进而来的，这一理论是由罗伯特·布莱克（Robert R. Blake）和简·穆顿（Jane S. Mouton）这两位美国管理学家所提出的。他们画出了一个管理方格，如图 2−1 所示。

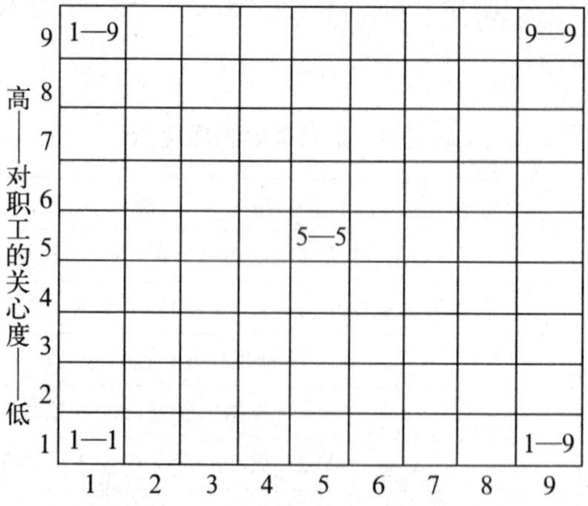

图 2-1　管理方格

管理方格中，横坐标与纵坐标分别表示领导者对生产和对人的关心程度，两个坐标轴分别画出了 9 个等级，每个方格表示“关心生产”和“关心人”这两个基本因素以不同程度相结合，共形成了 81 种不同的领导行为。而在 81 种领导行为中，最为典型的是 1−9 乡村俱乐部型、9−9 团队型、5−5 中间型、1−1 贫乏型和 9−1 任务型。

在 1−9 乡村俱乐部型中，领导者特别关心下属和职工，而极少甚至完全不关心生产。

在 9−9 团队型中，领导者对生产和人都十分关心，组织内部关系和谐，工作效率较高。

在 5−5 中间型中，领导者对人与生产都有适度的关心，努力保持和谐和妥协，遇到事情的时候容易选择敷衍了事。

在 1-1 贫乏型中，领导者对工作任务的关心和对职工的关心都做得很差，管理效率十分低。

在 9-1 任务型中，领导者只关心生产任务的完成，不关心人的因素；只考虑工作效率，不理会人际关系。

二、我国高校领导体制的内容

我国高校领导体制的内容，可以简单地用“理顺四个关系”进行概括。其中，“四个关系”是指党的领导和行政领导的关系、领导者和被领导者的关系、职责和权力的关系及个人负责和集体负责的关系。

（一）党的领导和行政领导的关系

坚持中国共产党的领导是我国政治体制的核心问题，在各个领域都不能缺少中国共产党的领导。中国共产党的领导可以保证各领域沿着社会主义方向前进。在高校管理中，如果中国共产党在重大问题上不参与决策，不对工作方向施以监督，党的领导就会有名无实；但是，如果中国共产党对高校管理的每一件事都参与决策和指挥，就会让中国共产党的领导取代行政领导，形成党包办学校的现象，这与党组织的地位和作用是不相符的。因此，在高校管理中，必须要处理好党的领导和行政领导之间的关系，同时要将二者进行有机结合，不能走向极端。

（二）领导者和被领导者的关系

在高校管理中，领导者和被领导者之间的关系是高校领导体制必须要解决的一个重要问题。在高校中，不仅领导者是主人，广大的教职员工也是主人，尤其是一些学术人员，他们都是所属学科专业领域的专家，因此在管理中，高校领导者需要重视被领导者的地位和作用，要让被领导者也参与到管理工作中来，要充分发挥学术委员会的作用，以保证管理决策的科学性和民主性，形成全员参与、团结一致共同办好学校的局面。

（三）职责和权力的关系

将职责与权力相互制约，是管理学中的关键准则。这一准则要求领导者不仅要承担责任，还要拥有相应的权利。要确保高校各项工作顺畅有序，必须授予校长相应的决策权、指挥权和人事权，这是校长肩负责任的必要条件。但是也必须限制和规范校长的权力，这是为了避免他们的行动过于个人化和专断。

（四）个人负责和集体负责的关系

高校工作是由个人负责还是由集体负责是高校领导体制中的一个非常重要的问题。如果由个人负责，实行“一长制”，可能出现独断专行的局面。如果由集体负责，实行“委员制”，有可能出现互相推诿和议而不决的无效率现象及官僚主义作风。因此，高校领导体制需要将个人负责和集体负责二者有机地结合起来。

第四节　高校的组织结构

高校的管理组织结构是管理创新重要载体与构成，在改革的过程中可以依据任务和功能进行多样化设置。作为工业化时代的产物，管理组织结构往往以等级制金字塔形为主要的表现形式，这种形式往往存在于传统和部分现今独立设置的高校之中。随着社会的改革及知识经济时代的来临，高校合并与未合并的独立高校是不同的，所以为了实现高效的管理，尤其是多校区大学的管理，需要在组织结构与形态方面下功夫。目前我国的大学生教育管理的组织结构和一般管理组织一样，属于条块分割的层级制管理。大学生教育管理的组织结构分党、政两个系统，党委系统下属的学生管理机构有校党委、党委学生工作部、各院系党委及学生工作办公室等，校行政系统下属的学生管理机构有校办、研究生院、教务处、各院系学生管理机构等。对于高校来说，是否具有合理的组织结构，将对其管理职能的执行产生极其重要的影响。因此，高校在进行组织管理时，需要设置合理的组织结构。

一、高校组织结构的性质

高校组织的性质主要是它本身存在的本质规定性，并通过它与别的组织的比较表现出来。归结起来，高校组织的性质主要有以下几点。

（一）准公共组织

高校是一个准公共组织。一方面，高校不是企业组织，其管理的目标不是利润最大化；另一方面，高校也不同于公共组织，因为高校除了提供公共产品还生产准公共产品和私人产品，高等教育具有产业性质，可以引进市场方法进行运作。因此，高校是一个混合事业组织，可以称作准公共组织。

（二）特殊生产组织

高校是一个生产组织，但是高校的生产对象是“人”，受教育者具有自己的主观能动性，因此，学校的生产还需要他们的主动配合。也就是说，学校的组织结构设计不只是针对学校教职员工的权力分配和责任分担，还要考虑学生的性质和作用。这与企业是不一样的。

（三）人力资本聚集的组织

高校不同于其他组织的特点还在于，高校是一个人力资本聚集的组织。企业是人力资本和物质资本组成的契约组织，物质资本和人力资本缺一不可，两者互相依赖。尽管高校也是一个人力资本和物质资本结合的契约组织，但是在这个组织中，人力资本占有绝对主导地位，在一定意义上支配着物质资本。

（四）信息高度不对称的组织

高校是以生产知识为主要特点的组织，而知识产品不如物质产品那样直观，这样带来的问题是：第一，生产过程中的信息不对称，我们很难准确地监督教师和科研人员的劳动过程；第二，对产品质量的信息不对称，很难辨别产品的质量，因为学生的质量并不完全以成绩表现，高分低能很常见；第三，对于产品“原材料”信息的不对称，由于招生只认考试成绩，所以学校无法像企业购买原材料一样对生源进行准确衡量，可能让“不合格产品”进入校园。

二、高校组织结构的层次

一般而言，组织结构的层次与组织中管理幅度的大小有着直接的关系。具体来说，在一个部门的成员数量一定的情况下，一个管理者能直接管辖的下属越多，该部门的组织层次也就越少，反之亦然。美国社会学家塔尔科特·帕森斯（Talcott

Parsons）在对组织结构进行深入研究的基础上，提出了组织结构的三层次理论。第一个层次是技术层，它完全处在组织的内部，不会与社会环境产生直接的关系，主要任务是处理生产的“产品”；第二个层次是管理层，其重要任务是对组织与任务环境之间的关系进行有效协调，以确保各单位能够形成完整的工作体系，促进工作的顺利完成；第三个层次是战略层，其主要任务是在与外界进行广泛接触和交流的基础上制定科学合理的决策。

以帕森斯的组织结构层次理论为依据，对高校组织结构的层次进行划分，可以发现，学系属于技术层次，是以学科为基础进行组建的，其主要任务是对教育事务进行处理，如对教师进行评价、确定教师职位的晋升等；学院属于管理层次，是以系为基础进行组建的，其主要任务有明确教学的设备需要，评价各系的课程建设情况、人员任用和薪酬情况及学生学习情况等；高校属于制度化层次，其主要对学术氛围、教学质量、教学目标等全校师生都十分关心的问题及高校与周边环境的关系问题进行处理。

三、高校组织结构的类型

就当前来说，常见的高校组织结构主要有以下几种类型。

（一）直线型组织结构

直线型组织结构又称单线型组织结构，在高校的组织结构中，这是一种使用较早且较为简单的组织结构类型。

在直线型组织结构中，各个管理岗位按垂直系统进行直线排列，职权从组织上层沿着直线“流向”组织基层，各管理者对下属进行统一指挥，同时不设置专门的职能机构。

现在高校中，采取直线型组织结构时，组织各个层级的一切指挥和管理职能基本上都由校长自己执行，形成的是自上而下的“指挥链”，有个别的职能人员协助校长进行工作，而没有专门的职能机构。这种组织结构类型的优点是形式简单，命令统一，指挥及时，责任与权限分明；其缺点是容易受校长个人素质的影响，需要校长亲自处理许多业务。直线型组织结构比较适合规模较小的高校，不适合规模较大的高校。

（二）职能型组织结构

职能型组织结构又称多线型组织结构，是以职能分工为基础形成的一种组织结构（图 2–2）。高校在运用这种组织结构形式时，往往需要在校长之下，依据实际情况对各种职能机构进行设置，同时校长要将自己的指挥权分为各职能机构，由它们负责向下级下达指示和命令。职能型组织结构的优点是可以让校长摆脱众多烦琐的指挥工作，能够集中精力去思考并处理学校发展中的重要事情；其缺点是容易出现多头领导、指令不统一的现象，增加协调合作的难度。因此，职能型组织结构是经常与直线型结构结合在一起发挥作用的。

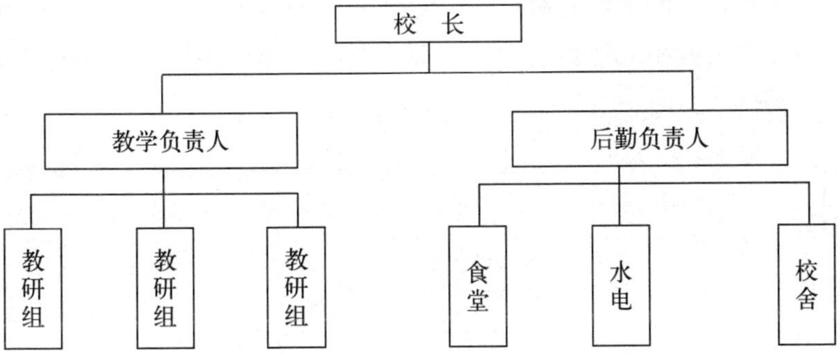

图 2-2　职能型组织结构

（三）直线—职能型组织结构

直线—职能型组织结构又称职能综合型组织结构，是对直线型组织结构和职能型组织结构进行有机融合的产物。在直线—职能型组织结构中，通常会将管理机构和人员分成两部分。一部分是直线指挥机构和人员，主要任务是对下级传达命令和进行指挥，并且对下级负有全部的责任；另一部分是职能机构和职能管理人员，主要任务是对直线指挥机构和人员的工作进行辅助，既不能对下级传达命令和进行指挥，也没有决策权。在当前的高校中，这种组织结构形式的运用是十分广泛的。这既有助于领导者对权力进行集中，也有助于职能机构充分发挥自己专门管理的作用。但是，在这种组织形式中，各职能部门之间无法进行充分有效的横向联系，因而很容易导致职能部门权力过大、下级无所适从状况的出现。

（四）事业部制组织结构

事业部制组织结构首创于 20 世纪 20 年代的美国通用汽车公司，是指在总部的领导下设置多个事业部门，各事业部门有各自独立的产品和市场，有自主经营管理权，实行独立核算。总公司主要是对整个公司的大政方针进行决策，对整个公司的运营进行监控，而各个事业部在公司总的目标指导下自主经营。这种组织结构的优点是能够调动各事业部的积极性和创造性，有利于提高组织的灵活性和适应性；其缺点是各事业部都有相同部门，机构重叠，容易造成人力和物力资源的浪费；各部门相对独立经营，容易形成部门分割，各自为政。因此，为了防止分权后“诸侯割据”的分散状态，组织的领导集团必须握有干部的任命权和管理权，同时建立权威的中心协调机构。目前，有些大学就采用这种组织结构，如图 2-3 所示是某师范学校的事业部制组织关系图。

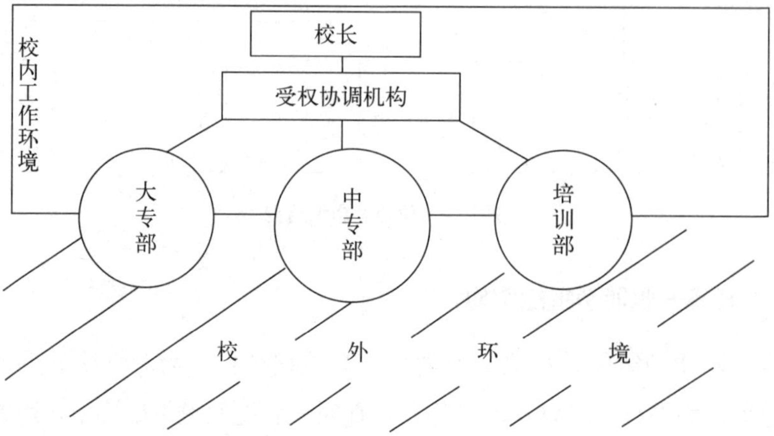

图 2-3　事业部制组织关系图

（五）矩阵型组织结构

矩阵型组织结构是指按照项目或服务等划分的部门和按照职能划分的部门结合起来组成的一个矩阵。组织为了完成某项工作设项目组、项目组设负责人，受组织的最高负责人领导，而项目组的成员由各个不同的专业职能部门抽调的成员组成，这些成员既对项目组负责，又接受原来部门的领导，具体如图 2-4 所示。在现代社会中，高校各系科专业要获得迅速发展，需要跟许多相关的系科专业交叉，以借助各家之长，形成综合优势。在这种形势下，矩阵型组织结构可以帮助高校实现纵向系列的机构与横向机构的联系。目前，矩阵型组织结构在高校科研项目与对外合作项目的管理中比较常见。矩阵型组织结构的优点是可以加强各职能部门的横向联系，有利于人员的调动和合理安排，有利于提高师生员工参加学校管理的积极性，减少人力、物力的浪费，提高管理效率；其缺点是在某些情况下，双重领导会产生矛盾，从而影响工作效果。

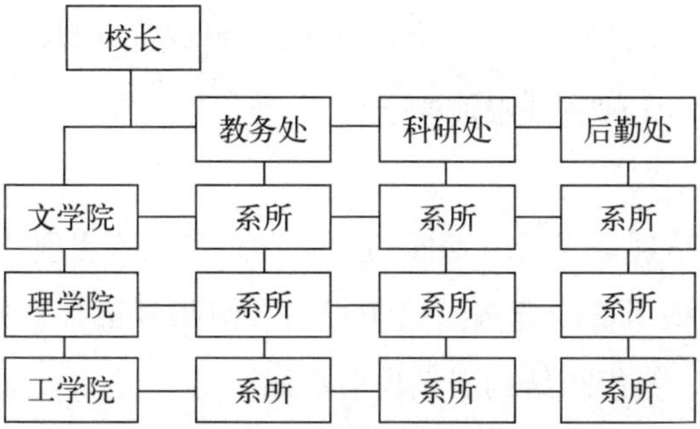

图 2-4 矩阵型组织结构

（六）学院制组织结构

学院制组织结构是指在大学之下设立学院，学院之下再设系（所），学院在大学内享有较大的自主权，在培养目标、专业设置和教学科研活动等方面拥有相对的独立性的组织结构形式。从严格的意义上讲，学院制组织结构是直线—职能制组织结构的一种特殊形式，且比较适合多科性大学。在西方，很多国家的高校都采用的是这种组织结构形式，我国一些高校在校—系（所）两级管理结构的基础上也探索建立了学院制组织结构。

高校采用学院制组织结构，具有很多的优点，如减少高校领导的管理幅度，集中精力抓大政方针，能够加强高校与社会之间的联系，能够有效调动各学院办学的积极性和创造性等。但是，这种组织结构也导致机构层次和部类结构较为复杂，增加管理人员数量，削弱职能部门的作用。

四、高校组织结构的设置

高校在进行组织结构设置时，既要对与其相关的多方面因素进行综合考虑，又要遵循一定的设置原则，以确保最终设置的组织结构是合理的，并能够发挥出最大的作用。

（一）高校组织结构设置的影响因素

高校在进行具体的组织结构设置时，往往会受到以下几方面因素的影响。

1．外部环境

一般来说，当外部环境不确定性高的时候，高校的组织结构设置会偏向于有机型，比较重视计划和预测；当外部环境不确定性低的时候，高校的组织结构设置会偏向于机械型，比较重视眼前的运作。

2．发展战略

组织的发展战略规定了组织发展的方向和总目标及实现目标所应采取的行动方案，它决定着组织运营的范围及组织成员和组织外部人员的关系，换句话说，组织发展战略不同，其组织结构形式也会不同。

3．组织结构

组织结构的设置与组织规模是密不可分的。随着组织的发展、组织规模的扩大，组织结构必然要进行一定的调整。这是因为组织规模在扩大的过程中，会导致组织活动变得更加复杂，出现很多新的工作，而这些新的工作需要通过设置新的部门和岗位完成，同时，随着组织规模的扩大，对不同岗位与部门之间的协调和控制要求也会进一步提高，从而要求组织结构必须向着规范化、分权化和专业化的方向发展。

（二）高校组织结构设置的原则

高校在进行组织结构设置时，需要遵循一定的原则，具体有以下几个原则。

1．目标一致原则

组织并非通过自由组合而形成的松散群体，而是人们为了实现某一共同目标而建立起来的。也就是说，组织是以共同的目标为基础而产生并逐渐发展起来的。因此，高校在进行组织结构设置时，必须要遵循目标一致的原则，以确保各部门、员工的目标与组织的总体目标相一致。

2．统一指挥原则

在组织内部，单位和职位之间存在着层级关系，这就产生了上级如何指挥下级的问题。一般来说，每个下属应当而且只能向一个上级主管直接负责，否则下级人员可能要面对来自多个主管的冲突要求或优先处理要求。因此，高校在进行组织结构设置时，必须要遵循统一指挥的原则，以确保政策与行动的一致性，避免出现多头领导和多头指挥的混乱局面。

3. 分工协作原则

一个组织要想正常运转，既要有合理的分工，又要在合理分工的基础上进行必要的协作。分工可以让一个人不必掌握所有技能，只需掌握少数几项技能并使其达到熟练的程度即可，在分工基础上进行协作可以大幅度地提高组织绩效。因此，高校在进行组织结构设置时，必须要遵循分工协作原则，以确保工作效率能够大大提高。而高校在进行组织结构设置时遵循分工协作原则，需要掌握好分工的度，如果分工过细，就会出现增加机构、浪费人力资源的状况，同时也会增加管理协调的难度，对协调众多组织成员的工作活动提出更高要求。因此，高校在进行具体的组织分工时，要以组织的具体情况、以各项管理职能的业务性质为依据进行分工。除了要掌握好分工的度，还要注意加强各个机构及其各项专业管理工作的横向联系，以便协作能够取得最大的效果。

4. 权责对等原则

这里所说的“权”，是指职权，即组织成员为了履行岗位职责所拥有的开展活动或指挥他人的权力；“责”是指职责，即组织对某部门或岗位的功能要求，或某部门和岗位应该完成的工作、应该达到的工作要求。职权对等原则是分工与协作关系落实的保障，如果职权大于职责，会导致职权的滥用；如果职权小于职责，会导致指挥失灵而难以达到相应的目标。因此，高校在进行组织结构设置时，遵循权责对等原则也是十分重要的。

5. 集权和分权相结合原则

在进行组织结构设置时，应该遵循集权和分权相结合的原则。集权是组织保持统一性与协调性的内在需要，分权是组织权力专门化的需要。集权有利于及时作出组织重大决策，但过分集权必然导致组织的灵活性、适应性减弱，同时也会影响下级的工作主动性和积极性。因此要注意权力的平衡。

6. 精干高效原则

在进行组织结构设置时，必须要遵循精干高效的原则，力求减少管理层次，精简管理机构，精简人员，做到可设可不设的机构坚决不设，能够合并或撤销的机构坚决予以合并或撤销。在对待多余人员上，要采取妥善措施予以分流或下岗培训，以充分发挥组织成员的积极性，提高管理效率，更好地实现组织的目标。

第三章　大学生管理制度创新与实践

本章依次阐述了大学生社区化管理、大学生社会实践规范化管理、大学生宿舍管理创新、大学生奖惩制度创新四部分。

第一节　大学生社区化管理

一、大学生社区的内涵

（一）大学生社区的概念

随着我国高校改革的进一步深入，以寝室为单位的学生社区的地位日益突出。学生社区是社区概念在学校管理中的反映，学生社区是大学生在校学习、生活、休息的基本活动场所。社会学研究表明，社区首先是一种地域上的存在，其次它的实质是"社会生活共同体"[①]。它的第一层意思是社区的核心是居民的共存，这是社区的独特性；从社会学的角度来看，其特征体现在不同社会结构层次的人口与经济活动之间的密切关系及他们对生活质量要求的差异。社区的文化活动在另一个层面上得到了充分体现。从社会学的角度来看，学校，如同社会，都属于社会群体，所以可以说社区是一种教育组织形式。对于一所大学来说，学生社区是指其所有宿舍和周围环境（即学生住房），以及这些环境中最大限度地教育活动。

（二）大学生社区的含义

与社区含义相比，该含义包含了两个重要层次，即区域环境和文化功能。这

① 吴增基，吴鹏森，苏振芳．现代社会学第 5 版 [M]. 上海：上海人民出版社，2014：228.

两种含义都有不同的深层意义和延展。一方面，学生社区作为校园的地理区域之一，包含了学生的住房和学习需求，同样是校园区域的重要组成内容，它有着学校附近和特定区域的自然和文化环境。另一方面，学生社区在学校管理结构中占有重要地位，学校与社区之间有着相关的从属关系。这意味着，在中国大学中，学生社区不是一种独立于教学的行政形式，也不是一个纯粹的教育实体，而是师生互动形成的特殊空间。随着完全学分制的引入，主要科目、班级和年级之间的学生群体界限越来越模糊。文化功能更多地表现为社区人文环境与居民生活的相生相融，成为社区居民接受文化教育的主要阵地。学生社区在文化功能上还要承担更多的责任，要确保“文化为了教育，教育为了学生”，它具有更加鲜明的目标和内容指向。

学生社区在高等教育中的关键作用是让社区成为高等教育道德教育的一个组成部分，以确保其有效性。从社会学的角度看，它有一个独特的表现形式，即在社会结构的不同层次上，人口和经济活动之间的密切联系，以及对其生活质量要求的差异。社区的主要任务是从社区的角度出发，培养具有未来社会所需素质的社会公民，即致力于发展适应并与社区生活和谐相处的居民。在这个过程中，学生群体可以通过学校教育和非智力因素（如家庭和社会舆论）发挥积极作用。社会的现代化实质上是人的意识和人的才能的现代化，这是人类发展的基础。在这个过程中，人的社会化水平决定了社会发展的水平。一个社区的现代化不能脱离其成员意识的现代化，因为社区作为社会实体的一个单元部分，其现代化的过程必须与居民意识的现代化紧密相连。所以，只有具备了良好的社会意识，人们才能自觉地参与到社区的社会活动中。

因此，现代教育的任务之一是培养具有现代社会意识的人，使他们能够适应不断变化的社会需求。学校教育在培养人才方面起着主导作用的同时，也不能忘记为公民提供他们所需要的优质教育。学生社区作为一种独特的社区形式，要求其居民（主要是学生）接受社区事务的原则。学生社区所蕴含的“社区”精神和文化区别于传统社区概念，也是对建立现代公民意识过程的反映。学生会的作用是向所有年龄、性别、背景和学科的学生灌输现代社区意识，以培养他们积极参与社区活动，适应和改善他们未来的生活环境。同时，学生是社区中最有可能利用其优势参与公民生活的群体。因此，学生群体是一个高度组织化的社区，它和学校一样，负责为未来的社区提供顶尖的人才，就像学校负责提供各行业的优秀人才一样。

学生会作为一个与学校有联系的社区，是由定期流动的学生及其相关管理人员组成的，除了物质功能，还应该构成一种特殊形式的社区，具有育人功能。这两种含义都有各自的内涵和外延。学生会一词不仅有明确的区域含义，而且还有教育功能，即其教育功能是通过学生会成员（特别是学生）的积极参与和基于学生会的创新精神实现的。因此，学生会不仅是一个教育场所，而且必须作为一个社会组织存在，以满足人们对美好生活的需求。学生团体一词的情感力量是一种温暖的说服力，它使人们对物理环境产生归属感，从而与同一个社区产生强烈的联系。学生作为一个个体，与其他所有人有着共同的兴趣和需求，因此可以说，学生社区是一个充满机会和发展的地方。在同一个教育空间里，不同学生之间的互动是基于相互依赖和互惠，自愿和理性，以及自主参与。学校社区不仅回应了人们的需求，而且还有助于提高教育质量。学校社区的多样性和归属方式的具体表现必须通过学生的积极参与来体现。

二、大学生社区化管理形成背景

第一，中国高等教育现代化和国际化发展趋势需要一种符合高校学生教育管理的新模式。为了克服高校持续扩招带来的后勤设施不足，中国高校借助国外发达国家高校后勤社会化的管理体制，或引进社会资金，或集资联建，或贷款与集资相结合，大力兴建学生公寓，并推行了后勤社会化管理，较快速且稳定地解决了学生的住宿、餐饮、娱乐等一系列学习、生活、文化活动设施存在的经费短缺的问题。然而，随着后勤社会化的深入推进，高校管理出现了一种“二元化”现象，即对学生的学习实行的是一种与西方高校不同的传统教学行政管理方式，而对大学生的生活采用了类似于西方大学的社会化管理方式，这导致了教学计划行政管理和社会化管理实际上存在着两个不同的体系。学生社区是以家庭、学校、政府及其他各种教育机构组成的一种特殊的组织形式。高校学生工作所面临的挑战是如何将行政管理和社会化管理这两个体系融合为一体，实现对学生人格的全面教育。这就要求我们必须打破原有的学校、班级管理模式，建立一种全新的以社区为依托的新型管理模式，使之成为促进和实现人才培养目标的有力工具。在当前形势下，高等教育机构必须采取社区化管理措施，以适应时代发展的需求。

第二，中国高等教育的改革和发展需要对传统的管理模式进行根本性的变革。学生社区是一个社会概念，而不是一个教育意义上的概念。随着高等教育改革和发展的不断深入，特别是高校学分制改革的逐步推进，传统的班级概念正在逐渐淡化，班级作为思想政治教育基本组织形式和主要工作渠道的地位正在发生改变，社区也逐渐成为大学生学习和生活的重要场所。在这种背景下，学校与社区之间形成一种互动模式，使二者在共同促进人才培养目标实现的过程中发挥着更加积极的作用。随着高校后勤服务社会化步伐的加速，传统的高校学生工作面临着新的挑战，包括但不限于学生社区的环境氛围、文化设施和管理服务的质量，以及管理模式的改进。如果没有良好的社区建设，就无法保证学校各项任务目标的实现。因此，高等教育机构已将社区化管理纳入讨论议程。学生社区不仅能够满足学生的需要，而且可以促进教育质量的提高。高等教育改革与发展的时代需求促使高校学生社区化管理成为必然趋势。

第三，适应学生群体特征，加强和深化高校思想政治工作，需要一种更佳切合实际、具有实效的教育管理新模式。高校学生思想政治工作者，必须根据变化了的情况，及时调整工作思路，作出应对之策。面对高等教育的日趋现代化和国际化，特别是教育教学改革的不断深化，高校改革向纵深发展的新形势，高校学生社区管理如何坚持社会主义办学方向，如何坚持“教”的宗旨不动摇，是一个值得认真研究和探索的重大实践课题。近年来，很多高校在开展党建与思想政治工作及日常教育管理工作方面，与时俱进，不断创新，探索出了一条符合形势发展要求和高校实际的学生教育管理新路子，即高校学生社区化管理。高校学生社区化管理是加强和深化当下高校学生思想政治工作的需要。

三、大学生社区化管理的探索

（一）国内高校学生社区的类型

从 1999 年高校的扩招开始，在全国各地迅猛地发展了大学城，大学生社区。就现存的全国各地大学生社区的现状来看，目前主要存在三类管理模式的大学生社区。

1. 跨省（市）的大学城社区

这类学生社区的特点是规模大，入区的学校多。从入区大学所在的省（市）来划分，既包括大学城所在地的大学，也包括外省（市）的大学；从入区大学的性质划分，既包括理工大学，也包括综合性大学和专门大学；从入区的学校层次划分，既包括研究型的本科大学，也包括专科学校和职业技术学院。

2. 同省（市）的大学城社区

这类大学城社区的特点是规模较大，入区的高校多的有数十所，少的也有几所到十几所，入区的大学属于本省（市）的大学。例如，重庆市的虎溪大学城，其入住的学校有重庆大学、重庆医科大学、重庆师范大学、四川美术学院、重庆科技学院等 11 所高校；上海市的松江大学城，入住的有复旦大学影视学院、东华大学、上海外国语大学、上海工程技术大学、上海对外贸易大学、华东政法学院、立信会计学院等 7 所高校；广州市的广州大学城有中山大学、华南理工大、华南师大、广东工业大学、广州美院、星海音乐学院、广州大学、广州外国语学院、广州中医药大学、广东药学院等 10 余所高校；南京市的仙林大学城有南京师范大学、南京中医药大学、南京财经大学、南京邮电大学、南京森林公安高等专科学校等 10 余所学校；武汉市的黄家湖大学城也是一个规划占地约 40 平方公里，规模达到 20 万学生的大学城。

3. 大学构建的学生公寓式社区

这类学生社区的特点是在原学生宿舍区的基础上，进行管理模式上的改革，即对原有计划经济条件下的学生宿舍式管理模式，实行后勤社会化改革，实现社区式管理；随着学校规模的扩大，对新建的学生宿舍实行社区化的管理。这类由单个学校构成的公寓式学生社区目前全国也不少。以重庆为例，重庆交通大学、重庆邮电大学、重庆工商大学等，其学生公寓式社区即是这类社区。

（二）高校学生社区化管理的实践

1. 单一院校学生社区管理模式

这类学生社区管理的学生来源单一，规模相对较小，管理容易到位。因此通过社区党总支、支部、学生党员接待室、社区团组织、社区学生会、心理咨询室等的构建，形成了从学校党委行政到社区学生寝室的完整管理体系，使各类社区管理中容易发生的问题能得到及时有效的解决。这类管理模式总的来说比较成功。

2. 大学城社区的学生管理模式

跨省（市）大学城和同省（市）集中多所高校的大学城社区的学生管理的特点是城区规模大，学生人数多，基础设施可以得到有效利用，在生活管理上可以取得相应的效益。但是由于学生人数多、涉及的学校多，因此，在管理上也容易出现某些漏洞，这种管理的漏洞主要不是指寝室管理的不规范，或者教学设施使用上的混乱。事实上，一个大学城在学生寝室的管理上是完全可以统一规范的，其教学设施也可以更好地充分利用。这里的管理漏洞更多的是指各个地区、各个学校对学生管理要求的不一致，不统一。因而可能出现有的学校管得严，有的学校管得相对松的情况，这一严一松中，可能出现管理信息上的不完整，问题就可能从薄弱部分反映出来。用管理学的术语表述为“木桶效应”，即木桶里的水会从箍桶板中最短的一块板中漏出来。因此，跨省市大学城管理上需要解决的问题是如何在发挥规模效益的同时，避免由不同省（市）、不同高校在学生管理制度上的非一致性而产生的薄弱环节。

与跨省（市）大学城一样，单一省（市）大学城充分利用基础设施、扩大管理效益的优势也是明显的，但同样存在各高校间学生管理不一致的问题。这种不一致，不仅源于各高校之间的专业特色，也源于各高校的定位。例如，有的是研究型大学，有的可能是教学研究型大学，有的是教学型大学，有的是综合型大学，有的是多科型大学，有的是专门的学院（如医科、工科、农业、教育等），有的是职业技术学院等。同时，还存在着不同高校对学生管理的认识不一致的情况。有的非常重视，可能在管理上工作做得比较细；有的认识可能不到位，管理就有疏漏。这种管理上的不一致，可能导致大学生社区出现隐患，使一些看似不起眼的小事因信息反馈得不及时，管理得不到位而酿成工作失误，甚至造成不利于社区稳定的群体性突发事件。

跨省（市）和同省（市）大学城是由十余所高校组成的大规模学生社区，如果出现了失误，所产生的影响与后果将会比规模小的单一高校大学生社区严重，因为人数达 10 万甚至 20 万的大学城，如果爆发学生群体性突发事件，不仅会影响到这个大学生社区的教学与正常生活，还有可能引起连锁反应，波及附近的市民与工业企业，导致社会不稳定甚至发生动乱。因此，如何加强与细化这种规模大的大学城学生社区的管理，是一个值得认真研究的重大问题。

（三）高校学生社区化管理的成效

实践表明，实施学生社区化管理不但可以较好地应对高校后勤社会化改革与教育教学改革给高校学生教育管理带来的新机遇、新挑战、新任务和新问题，而且使学生党建与思想政治工作的着力点更明确、体系更完善、育人机制更健全，对学生的教育管理成效也更明显。其主要作用表现在以下几方面。

1. 增进了学校与学生间的关系

近几年不断出现的学生与学校之间的法律纠纷一度成为整个社会关心的热点问题，专家指出发生这些问题的一个很重要的原因是学生与学校之间缺乏必要的平等的交流与沟通，因此引发出学生、家长、社会与学校之间的诸多矛盾。而社区化管理改变了师生以前对社区化管理改革的消极认识及评价，通过政工人员和学生社区中的党团组织机构与心理咨询机构的工作，缩短了学生与组织间的空间距离和心理距离，进一步体现出思想政治教育应具备亲和力和感染力的特点，师生之间、学生与组织之间、学生与学校间的关系也更加自然和谐。

2. 优化了服务和成才育人环境

在以社区党总支部为核心的管理体系中，综合利用好各种服务机构，加强统一指导，能为学生的成才提供一个更加完整、科学、有序的体系和空间，使社区的管理和服务更加快捷、完备。社区化管理可以科学整合各种资源，增强教育管理合力，在社区管理体制下诞生各种健全、富有活力的社团组织，为社区创造了丰富多彩的科技文化氛围，为学生素质的拓展提供了更加立体的空间，对学生个体知识结构的完善、个性的培养和素质的拓展发挥了积极作用。从管理和经营角度提出社区的统一管理思想和教育理念，为学生的成才和教育机构的育人提供了更加优化的内外环境，能够有效地保证高校连续扩招后教育管理质量和学生素质的稳步提高。

3. 促进了“以人为本”理念落实

更加有利于贯彻“以人为本”的管理理念，更加优化育人效果，社区化管理营造出了以人文素质、健康成才教育等为主要内容的德育氛围。在这个氛围中，学生真正成为学校服务的对象和主体，自始至终坚持把学生的成才放在第一位。如果要在整个教育过程中真正地贯穿这一主旨，就必须为学生的成长与发展提供良好的物质条件，在此基础上创造良好的“求知，求真”的学术氛围，营造出一种以人文素质、健康成才教育等为主要内容的道德文化育人氛围，给予学生一种积极的引导，使学生在良性的德育氛围的感染熏陶下主动去锻炼、提高自己，最终培养学生良好的生存适应能力。

四、大学生社区化管理的发展方向

随着高校社会化改革的不断深入，高校学生社区化管理应该向哪些方面发展是目前需要讨论的重点问题。学生社区应该成为培养德、智、体全面发展的“四有”人才及“管理育人、服务育人”的重要阵地，应该是影响大学生成长、成才的重要环境和学校精神文明建设的窗口。因此，高校学生社区化管理应该成为高校改革的重点，有些传统的管理模式已不能适应高校的发展，学生社区化管理势在必行。高校社区化管理的未来方向在于不断完善学生社区的教育和管理机制，积极探索学生社区管理的创新思路和方法，创建比传统班级管理更先进的学生社区管理模式。

（一）智能化方向

通过利用信息技术手段，构建学生生活和社区管理的服务网络，利用计算机等现代科学技术进行科学管理和服务，实现有效管理和服务，达到智能化管理。目前，中国的高等教育管理体制正处于从计划经济体制向社会主义市场经济体制过渡的阶段，在此期间出现了一些新的变化。对学生宿舍进行网络化管理，引入红外卡技术对学生公寓进行出入管理，有效减少了行政人员的数量，杜绝了非法人员的流入；建立宿舍床位、用电、用水等智能管理系统，提高管理效率和用户体验。在此基础上增设学生社区论坛（BBS）、公寓管理员信箱和住宿信息、电话号码、火车时刻、住宿费、超额水电费、卫生考评等网络查询功能，将现实世界，书本世界和虚拟世界有机结合，通过网络服务平台为学生提供更加方便快捷的生活服务。

为了实现对学生群体的智能管理，需要打造一个全方位管理的高智能社区，从而促进管理模式的合理化和管理方法的科学化。例如，在校园内建立数字化信息平台，实现了师生之间、学生自身之间的沟通和互动。通过创建智能社区，学生楼宇的安全管理得到彻底改善，特别是在学生出入、火灾报警和电力负荷检测方面达到了全新的水平。由于计算机技术在社会各个领域的广泛应用，这为学生社区提供了更方便、更快捷的管理工具。随着自动化和智能化技术在计算平台上的广泛应用，可以有效地提高管理的效率、准确性、可靠性和安全性，解决许多仅靠人力难以解决的问题。在这个过程中，利用现代信息技术，实现了学校、家庭、社会的有机结合，为学生创造了良好的生活和学习环境。在微机实时管理的帮助下，实现了对在校学生基本情况和日常动态的实时掌握，从而在服务者和学生之间建立起双向联系，促进了社区管理的信息流通，推动了科学化、智能化管理的进程。

（二）人性化方向

企业管理中的人性化领导概念旨在通过情感共鸣来提高领导的有效性。人性化领导的本质是充分尊重被领导个体的自主性和创造性，从而使他们以最佳的精神状态投入到工作中，从而直接提高领导的有效性。在大学里建立了一些学生社区，通过互联网实现与外界的交流，利用先进的科学技术为学生提供更好、更高效、更便捷的服务，从而改善管理。这就是为什么在大学里实施人性化的管理方法是至关重要的。人性化的领导方式是一种综合的领导方式，注重情感、理性和法律，而不是简单的放纵式领导。高校学生群体中存在着浓厚的人文和谐氛围，因此高校学生群体的人性化管理也应遵循”以人为本”的原则。这种管理理念也适用于高等教育中的社区学生管理。

人文领导力的核心是以学生为中心，充分相信学生的自我调节能力，尊重学生的权益，鼓励学生的自我引导和创新。在实施“校院治理模式”后，大学对内部治理体系进行了改革，引入了以学生居住地为基础，以院系二级管理机构和校内职能部门协调为主体的新型治理机制，即学生社区治理体系。为了实现大学生社区化管理的人性化，管理者需要全面了解每个学生的独特亮点和个性，以关爱的方式对他们进行关心、教育和管理。例如，可以推进高校政工干部进入学生社区。学校选派优秀的学生工作干部进驻社区，与学生同吃、同住、同生活，社区老师经常深入寝室，了解学生的生活状况和思想动态，帮助学生解决实际困难，把解决学生的思想问题与解决实际问题密切结合起来。政工干部进社区，对转变政工干部的观念和学生的认识，加强学生与辅导员之间的沟通，拉近与学生的距离具有实效，能够真正做到使思想政治教育工作贴近学生学习，贴近学生生活、贴近学生心理，确保思想政治工作的有效开展。同时，社区管理者以身作则，也可以强化管理者的人格魅力。

人性化管理将对教育管理者提出更高的要求。要求放下管理者以上令下的特权，抛弃先入为主的视角，重新审视师生关系，科学处理制度与人的作用间的关系。人性化管理拒绝以制度和惩罚措施“吓人”，而是以管理者自身的人格魅力去教育人、说服人，构建一种深层次的管理者与被管理者之间的和谐关系。具体来说，学生工作部门和具体执行者要首先严格要求自己，做到制度制定的合理性、科学性和可操作性，制度执行的一致性和公平性，以及针对特定情况的灵活性；在接触到具体管理对象的时候要以人性的关怀和理解为管理动力，寻求二者间的良性互动，从而达到思想政治工作需要的效果。

（三）服务型社区

服务型社区是指在由几个公寓形成的智能小区内建立新型的现代化的学生社区，为学生提供社会化的服务经营管理，并且成为社区的主要管理内容。学生生活社区是学生的生活区域，按照学生社区的管理模式，采用社区化的管理服务办法，着重在为学生提供优质服务上下功夫，形成新型的服务型学生社区。新型的学生社区建立后，富余出来的管理人员全部投入到学生社区中，为学生提供全方位的服务。在社区内设立各类服务网点，设立小型的超市、书店、洗衣间等配套服务设施，使学生在社区内部就可以获得多种服务。在社区的网点内设立学生勤工助学点，为学生提供社会实践机会。

在创建学生社区的过程中，要确保提供完备的学习和生活设施，牢固树立社区生活的导向，以各种文体活动为载体，加强学生社区的文化建设，促进学生综合素质的提高。在实施“校院治理模式“后，学校改革了内部治理体系，引入了以学生公寓为基础，以院系二级管理机构和学校职能部门协调为主体的新型治理机制，即学生社区治理体系。在学生楼宇内外设置和悬挂由学生自己设计制作的各种人文景观，以及学生的生活图案、警示故事和艺术作品。利用校园与校园之间的联系网络，组织学生参加社会实践。在学生社区建立了一批工作实习基地，包括学生阅览室、广播站、广告橱窗、文体活动中心、超市报刊亭等，为学生参加工作实习活动提供机会和资源。利用学生社团开展社会工作实习活动。在每个社区，学生可以自编自演各种大型文艺晚会和音乐会，组织一系列文化娱乐活动，如篮球比赛、演讲比赛、宿舍设计比赛等，寓教于乐，激发学生的创造力和聪明才智。社区资金还用于为学生提供娱乐休闲设施和服务，如组织电影和电视放映，参加体育和舞蹈表演，欣赏视频资料。通过组织这些活动，增强了社区的文化底蕴和学生的综合素质，使学生社区不仅成为学生学习和生活的场所，而且成为思想政治工作和培养学生成才的坚强基地。

第二节　大学生社会实践规范化管理

一、大学生社会实践的意义

（一）引导大学生树立科学世界观

世界观是人们对世界的一般看法和根本观点。任何正常的人在其生活的过程中都会形成自己的世界观，但由于个人生活环境、所受的教育和影响不同，人的世界观也有很大差异。总的来说，世界观有正确和错误之分，正确的世界观理论化、系统化变为科学的世界观。怎样保证大学生形成正确的世界观并使之科学化呢？主要靠两个方面的努力：一方面是大学生要经常与社会接触，不断突破事物的表面现象，深入事物的本质，从而不断校正原来从现象上获得的肤浅的或错误的认识，使自己的认识符合事物的本质及规律；另一方面是要对大学生进行系统的思维训练，通过学习前人正确的世界观理论，了解人们在世界观上容易走上歧途的种种可能，让大学生对自己的世界观进行经常性的反思，并不断地充实新的科学的内容。因而社会实践对大学生建立科学世界观很有必要。

1. 是确立唯物主义历史观的需要

大学生正处于青年时代，可塑性很强，是世界观、社会历史观形成的关键阶段。大学生系统的专业知识学习和思维训练，对于形成唯物主义历史观固然是大有帮助的。但就目前情况看，在校大学生年龄普遍较小，接触社会的机会不多，社会经验不足，大部分同学对社会的看法简单化、片面化、理想化，这对大学生形成正确的历史观十分不利。克服这一不利的根本途径是让大学生走出校门，深入社会生活，在社会实践中了解社会，从实践中发现真理，在实践中发展真理。这样，才能使他们的历史观与现实生活相符合。

当然，社会实践中接触的都是具体的社会事物，不可能通过一两次实践就改变了对社会历史的看法。不过，处在形成过程中的大学生的历史观是容易发生变化的，一旦接触了较多的社会事物，加之正确的引导，就会使他们的历史观发生转变。我们知道，只从政治理论课上学习历史唯物论只能学到“知识”，而要使知识转化为信念，使所学的理论真正转化为学生的历史观，必须通过社会实践。

2. 是建立科学的人生价值观的需要

正如马克思主义哲学原理教科书中所指出的，“共产主义世界观和人生观又不是仅仅在书斋里、课堂上所能完全树立起来的，还要在生活实践中经受各种锤炼”。马克思、恩格斯的人生观转变不是在课堂上，而是在社会实践中，当代大学生的人生观形成也是如此。通过开展大学生社会实践活动，我们发现社会实践活动对大学生形成科学人生观至少有如下的作用：首先，它可以帮助大学生摒除理想中不符合实际的因素，使他们正确对待个人与社会的关系，培养踏踏实实的工作作风；其次，它可以帮助大学生树立坚强的意志，培养无私奉献的精神；最后，它可以帮助大学生接近群众，深入群众，为走与群众相结合的道路打下良好的基础。

3. 是培养社会主义信仰的需要

大学生在不久的将来，就会踏上工作岗位，成为祖国的栋梁之材，肩负起国家社会主义建设和实现中华民族伟大复兴的历史使命。因此，培养大学生的社会主义信仰是大学生思想政治教育的首要任务。而对社会主义的感情仅靠读书是得不到的，必须通过从社会主义给中国带来的巨大变化、给广大人民带来的实惠中亲身感受和体验。

（二）促进大学生能力提高

当代大学生在一定程度上存在着眼高手低、忽视社会实践、脱离群众、动手能力弱等不足，而积极踊跃地参加社会实践活动，有利于弥补大学生的这些不足。当代大学生绝大多数是在学校的围墙中长大的，而且越来越“小龄化”，大都走的是从小学到中学再跨入大学的升学之路，从而造成他们的社会阅历浅，社会经验少，实践经验匮乏等弱点。受片面追求升学率的思想影响，许多学生只注意书本，不注意社会实践，“高分低能”的状况比较严重。这严重影响了他们在各项建设事业中发挥作用，延缓了他们成才的进程。怎样才能缩短这一距离呢？实践是唯一桥梁。只有通过实践活动，才能使书本知识与实践操作合二为一。事实证明，通过开展社会调查、科技咨询、信息服务、义务劳动等社会实践活动，不仅可以使学生的智力资源得到直接的、有效的开发，达到分数与能力的统一，书本知识与实践的结合，还可以使个性不同的学生通过实践活动各获所求，各取所需，“缺什么，补什么”，从而有效地完善了现行的教学方法，弥补了大学生自身的弱点和不足。

（三）促进社会主义现代化建设

当代的大学生，将成为21世纪初期我国社会主义现代化建设的骨干力量，按照党中央制定的五年规划和民族复兴的奋斗目标，国家的社会主义建设任重而道远。大学生参加社会实践，可以在社会主义物质文明、精神文明、政治文明建设中大显身手，在专业知识社会实践和树文明新风的社会实践中促进经济、政治、文化的平衡发展，从而为全面建设社会主义强国起到积极的推动作用。

（四）促进大学生社会化

社会化是指个人与社会生活不断调适，使个人由“自然人”发展为“社会人”的过程。大学生正处于社会化的阶段，显然，在许多方面已趋向成熟，但为了适应社会生活，仍需进一步学习。社会实践可以增强大学生的社会责任感。很多高校组织学生到基层开展社会实践活动，使其提高了对改革的复杂性、艰巨性的认识，增强了他们的社会责任感。在社会实践中，越来越多的大学生认识到，社会需要的不是冷漠的旁观者，也不是抱同情心的捧场者，而需要的是热情的、直接参加这项伟大建设工程的人。通过社会实践，自觉并充满激情地投入到学习、生活和工作中。社会实践可以推进大学生实现社会角色转变。社会实践活动能够帮助大学生找到自己和社会要求之间的差距，看到自身知识和素质上的缺陷，启发学生对自己进行重新认识和正确估价，促使学生从过去的“唯我独尊”的幻想回到现实，重新确立自我价值实现的基点，在纷繁复杂的社会中找到个人和社会的最佳结合点。社会实践可以促使大学生与长辈们沟通代际关系。由于当前一些大学生图安逸怕吃苦，自视清高；反过来，却认为他们的父辈过于保守、正统。两代人之间形成了一层无形的隔膜，究其原因，主要在于有些大学生缺少对他们父辈的了解，他们看不起父辈们那种思维方法和生活方式。在社会实践中，大学生以普通劳动者的身份，直接参加社会财富的创造活动，培养了他们尊重劳动成果、尊重父辈们的思想感情。总之，在社会实践中，两代人之间可以相互沟通和相互理解，彼此消除对对方的偏见，进而有效地促进两代人之间的有机结合。

二、大学生社会实践的实施

（一）大学生社会实践的形式

1. 参观型社会实践活动

这种社会实践活动通常是组织学生到风景名胜、工厂参观考察、座谈了解，除了增进学生之间的友谊，加深学生对祖国大好河山的了解，还对学生能起到一定的教育作用。

2. 活动型社会实践活动

这种社会实践以文化、科技、卫生三下乡为主，通常的做法是学校与某地联合，在某地以学校为主，组织文艺演出，动员群众前来观看，或组织大型的科技咨询、文化宣传、医疗服务活动，场面宏大，气氛热烈，影响也较大，但投入多，组织复杂。目前这种社会实践活动已成为学生社会实践活动的主要形式之一，但值得改进。

3. 生产型社会实践活动

这种社会实践以高年级学生、研究生、博士生参加为主，他们参加生产活动的某一环节，成为其中的一员。一方面，既利用自己已有的知识促进生产的发展；另一方面，又在实践中学到了书本上没有的知识，相得益彰。这种社会实践活动花钱不多，且效果实在，有较强的生命力。

4. 课题型社会实践活动

学校以老师牵头，各相关年级学生参加，组成课题小组，承担政府或企业的课题，通过广泛深入的调查宣传活动，对课题进行攻关。学生参加这种社会实践活动的积极性比较高，而且能得到一定的社会资金支持，也能长期开展下去。

5．挂职型社会实践活动

这种社会实践活动主要是以组织的形式到机关、社区、乡村挂任各种职务的助理，做一些社会工作。这种社会实践活动受到机关、社区、乡村的欢迎，但目前参加的人数较少。

6．学生自发型社会实践活动

学生在假期，通过参加社会招聘活动、上门自荐活动等形式，参加到各种社会生产活动中去，除体验生活的酸甜苦辣外，还能利用自己所长，在为社会服务的同时，取得一定的报酬，补贴学习或生活所需。这种社会实践活动除参加的学生较多外，学校支出也不是很大，应该进行鼓励。

7．互动型社会实践活动

这类实践活动的参与者既有大学生（含大学生党员），也有城乡基层的市民、农民（含党员）。在活动中，他们互为参照对象，通过相互学习、相互帮助，不仅双方共同取得进步，同时也促进了社会主义物质文明、精神文明、政治文明建设。

（二）大学生社会实践的内容与方法

1．社会调查

深入城乡各地、部队、科研院所、企事业单位开展社会考察和社会调查活动，从而引导学生了解社会、了解国情，同时对社会和企业的发展献计献策。社会调查和考察的直接目的是了解社会的实际情况，认识社会现象的本质及其发展的客观规律，是一种搜集和处理社会信息的方法，在现代社会具有越来越重要的作用。当前，大学生社会调查逐渐向专题化、重效益、重应用方向转化。社会调查的内容很多，如可通过走访工农群众、干部、军人、知识分子等，开展对社会现状的调查；也可通过了解城乡经济发展现状，开展国情民情考察；也可通过了解科技对经济和社会发展的影响，开展依靠科技进步及科学管理发展经济的专题调查等。并且社会调查方式也比较灵活，有文献调查法、访问调查法、问卷调查法等。

2．科技服务活动

科技服务活动面向经济建设主战场，面向城镇社区、县乡的中小型企业、乡镇企业，结合所学专业，发挥技术特长，在教师的指导下开展科技攻关、工程设计、科技成果推广、科技咨询和技术服务等活动，使科学技术为现实生产服务。

3. 文化服务活动

深入城镇社区和贫困乡村，开展文化培训、科普讲座、法律宣传和咨询活动，服务社区和乡村的两个文明建设。

4. 公益劳动和文明共建活动

共包括校内公益劳动，校外社区服务活动，与企事业单位、部队、科研院所、乡村、居民委员会等单位开展其他形式的文明共建活动。

5. 互动活动

特别是大学生党员与城市社区党员、农村基层党员、企事业单位党员在建立党的先进性教育长效机制中的互动活动。

6. 信息服务

信息服务是指通过一定的途径把人才、工农业、科学技术及社会生活等方面的信息资源的开发利用情况提供给被服务单位，并把被服务单位的信息传递出去，以取得一定的人才效益、社会效益和经济效益。大学生通过在校的学习，掌握了一定的专业知识，可以通过开展信息服务把信息资源的开发过程及成果传播到各个领域，进一步加以利用，在信息资源的开发利用之间架起了一座桥梁。

7. 勤工助学

勤工助学对学生个人和国家都有重要的意义，对个人，它有助于学生个人的成长和成才；对国家，它有助于国家高科技人才的培养，有助于国家教育制度的改革和教育的不断发展。在假期，通过做兼职教师、推销员、打字员、秘书、酒店服务员等工作，一方面，可以在一定程度上解决贫困生的经济问题；另一方面，也是高校开展社会实践活动、培养学生自立自强精神的有机组成部分。

8. 教学实习

教学实习是教学计划内的社会实践，是在教学计划规定的时间内进行的，要求每个学生必须参加并取得学分，是实现专业培养目标、保证人才规格质量的必修课。教学实习包括认识实习、生产实习、毕业实习等，是理、工、农、医等专业大学生社会实践的主要形式，是把生产劳动引入教学，对大学生进行思想政治教育、职业道德教育、专业教学和职业训练的基本环节。

三、大学生社会实践制度规范化探索

（一）大学生社会实践的制度化建设

高校把大学生社会实践活动纳入整体教育计划，通过制定短期规划、长远规划和配套文件，形成一套完善的大学生社会实践制度。它对实践活动的指导思想、方针原则、目标要求、形式内容、方法途径、时间要求、成绩考评、工作量计算、奖励办法、组织领导及有关政策都作了明确规定，并随着学校体制改革不断加以修订，使活动贴近学校发展实际，使活动有章可循。一个成功的实践制度，应包含以下内容。

1. 社会实践活动领导小组制度

学校应成立由分管学生工作的党政领导和教务、科研、总务、学生处、团委等部分单位组成的学生社会实践活动领导小组，负责对全校社会实践活动进行统筹安排，制订计划，组织落实，各院、系、部成立由分管学生工作的党总支，副书记、副主任、团总支书记与辅导室主任等参加的社会实践领导小组，负责本系学生社会实践活动计划的制订与实施。同时，也可吸收校外人士，如地方政府负责领导，地市团委同志及企业负责同志共同组成社会实践活动领导小组，建立友好关系，以便高校社会实践在地方、企业的顺利开展。

2. 完善社会实践基地建设制度

随着大学生社会实践活动不断走向成熟，社会实践基地建设制度也成为一种趋势，相对于实践初期的分散、随机活动，基地活动可以有长远的计划，为培养人才制定完备的方案，同时，也有利于基地方与校方建立长期互惠关系，使社会实践在双方自愿的基础上健康发展。社会实践基地制度建设包括两方面的内容：一是为教学研究服务的社会实践基地的制度建设。这类基地建设包括城市工商企业、农业生产单位等；二是思想政治教育和党建社会实践基地的制度建设。这类基地包括城市社区、农村基层组织、各类爱国主义教育基地（包括革命纪念馆、革命博物馆、烈士陵园等）。

3. 实行指导教师队伍建设制度

开展大学生社会实践活动的经验证明，实践活动要取得成效离不开教师的积极参与，因此，必须建立社会实践指导教师制度。不同的社会实践需要不同的指导教师，为教学研究服务的社会实践由专业教师或相关专业的技术人员作指导教师；思想政治教育类的社会实践，由政治辅导员、政治理论教师或校外政工干部作指导教师。借助指导教师在人格、理论、知识、专业上的优势，增强社会实践的生命力，完成在实践过程中全方位育人的功能。制定社会实践指导教师制度一般要考虑以下因素：第一，基地的性质（教学研究服务的社会实践基地与思想政治教育的社会实践基地，两种不同的社会实践基地对教师的要求有所不同）；第二，学校的有关政策；第三，教师的地位和作用；第四，实践过程中的组织领导；第五，纪律要求；第六，地点的选择和安排；第七，职称评审和职务晋升；第八，工作量的计算。当然要注意与由学校相关职能部门及分管学校领导组成的领导小组协调进行。

4. 社会实践考核与激励制度

考核激励是提高社会实践活动成效的有效方式之一。对大学生参加社会实践活动定内容、计学分；对教师定任务、计工作量；院、系、部、教研室制定规划和考核措施；对社会实践活动情况要做到“八个挂钩”，即与学生德、智、体综合测评成绩挂钩，与奖学金挂钩，与评选先进个人和集体挂钩，与团员民主评议、推优入党和推荐免试研究生挂钩，与评选优秀党团员挂钩，与大学生的学分挂钩，与单位和个人经济利益挂钩，与教师工作量和干部业绩的奖惩挂钩。这样，才能调动大学生、广大教师干部及社会各界、各单位参与社会实践的积极性、主动性，使社会实践形成有机运作、自我驱动、有轨发展的动力机制。

（二）大学生社会实践的新探索

新的时代不仅对大学生有了新的要求，同时赋予了大学生社会实践新的任务，要适应时代，就必须实现大学生社会实践理念上的更新。

第一，将大学生社会实践与建设社会主义新农村的需要结合起来。一方面，大学生是掌握着一定基础知识和专业知识的青年知识分子，他们的参与无疑会有效地促进社会主义新农村的建设。另一方面，大学生加入社会主义新农村的建设中，不仅给他们的专业知识提供用武之地，又使他们的实际能力得到提高。将大学生的社会实践与建设社会主义新农村的需要结合起来，意味着对大学生的社会实践的观念要有一个更新或变革，即要从过去单方面地将大学生作为社会实践的受动者，通过社会实践提高工作能力，培养良好的思想品德，转变为大学生既是社会实践的受动者，又是社会实践的“授动者”，大学生作为科技知识和精神文明的载体在实践中建设社会主义新农村。

第二，将大学生社会实践与城市社区精神文明与政治文明建设的需要结合起来。当将大学生既看作社会实践的受动者又视为社会实践的“授动者”时，应充分利用大学生科技知识和精神文明的这一载体，将其运用到变革社会的活动中去。将大学生的社会实践与城市社区的精神文明和政治文明建设的需要结合起来，持久、稳定而有效地开展社会实践教育活动，使大学生在促进城市社区精神文明与政治文明的社会实践中，自身也得到提高和锻炼。在这类社会实践活动中，大学生可以将高校思想政治理论课中所学习到的内容应用于实践活动中，既能将知识活用，又能深化理论认识，还可以通过自身努力，促使社会变革，成为推动社会文明进步的重要力量。

第三节　大学生宿舍管理创新

一、大学生宿舍的作用

大学生宿舍是大学生日常生活与学习的重要场所，是培养和锻炼大学生自我管理、自我教育、自我服务能力，有效地开展大学生的思想教育工作的重要阵地。因此，大学生宿舍的管理是高校管理中的重要组成部分，是观察学校整体管理水平的一个窗口，务必高度重视。

（一）引导学生树立人生观、价值观

学生宿舍不仅是单纯意义上的休息场所，而且是一个重要的育人园地。来自不同地区有着不同家庭背景和生活习惯的学生，构成了宿舍的人文环境，这是学生情感和思想比较自然、真实流露的地方。学生在宿舍里交往必将对各自的思想情感产生影响。在他们的交往中，或探讨人生、憧憬未来，或交流学习、谈古论今，必会有各式各样的社会思潮、信息观点等方面的交汇，并由此产生互动影响。所以，必须正确地把握学生宿舍里的思想动态，及时地给予正确启迪和引导，并

通过多种方式和渠道，积极开展教育活动，引导学生明确方向，明辨是非，树立科学的世界观、人生观和价值观。

（二）思政教育和科学管理的结合点

学生宿舍作为学生在校生活的集中场所，在学生的基本道德修养、学校的教育培养目标完成方面起着重要的作用。学生在宿舍中的表现，往往与社会对人才培养的要求，与学校教育管理目标相联系。就当前大学生的精神与学习生活而言，主要存在以下一些倾向：①在学生的自我意识、个人价值观念方面，比较注重追求与大学教育层次相适应的知识结构和文化娱乐，而忽视从社会的需要出发来完善自己；②对一些水平高、影响大的活动感兴趣，也喜欢对一些深层次的社会现象、个人价值观念进行探讨，但却忽视个人劳动观念、清洁卫生习惯的养成和自我教育、自我管理、自我服务意识的培养；③在宿舍建设中，比较注重为自己营造一个安乐窝，而不能与整个宿舍的管理保持协调一致；④在宿舍人际关系方面，注重自我个性发展完善，而忽视宿舍作为一个整体应加以完善和提高；⑤同学之间交往密切，言谈举止不拘小节，学校的一些管理规章制度在宿舍成员的相互默认中得不到严格的贯彻执行，甚至有些消极的东西，如学习风气淡漠，组织纪律涣散，轻视劳动，不服从管理，挖苦先进、标榜落后等反常现象，也时有发生。

因此，学生宿舍是培养学生良好的道德行为规范，实现其德、智、体、美全面发展和实施学校教育科学管理目标的一个结合点。通过学生宿舍这个点，可以把深入细致的思想政治工作与严格的科学管理有机结合起来，深入实际地了解学生的所想、所感、所为，真正地把握学生的思想动向。

（三）展示校风学风建设的窗口

一所高校的校风学风如何，不仅反映在教室、图书馆、实验室里，也反映在学生宿舍里。因为学生的学习态度、劳动观念、组织纪律观念、集体观念在许多情况下都反映在占他生活时间三分之一以上的寝室里面。因此，学校要协调学生思想教育与管理、后勤服务、安全保卫等各方面的力量，积极探索学生宿舍中学校教育、管理、服务工作的结合点，加强学生宿舍的管理服务和思想疏导工作，既为学生创造一个宁静整齐、文明清洁的环境，也是消除学生因受其他不良影响而产生的抵触情绪的一项有力措施。针对此特点，宿舍管理必须从管理育人、服务育人出发，努力挖掘潜力，积极改善住宿生活条件，把学生视为服务的对象，让学生得到应有的尊重和关心，这是维护学校稳定的重要举措，也是创建良好校风、学风的前提，对学生的全面发展、成长成才十分关键。

二、大学生宿舍管理的内容与方法

（一）大学生宿舍管理的内容

高校学生宿舍管理具有服务、管理、育人等三个主要功能。从宿舍管理的功能看，学生宿舍管理应包括宿舍内务及卫生管理、宿舍区的治安管理、宿舍纪律与秩序、宿舍设施管理、宿舍水电气管理、宿舍电视及网络的管理等方面的内容。

（二）大学生宿舍管理的方法

良好的宿舍环境是高校实施学生素质教育，促进学生德、智、体、美全面发展的物质保障。科学合理的规章制度会对学生起到良好的导向、规范、协调和激励作用，因此，对学生宿舍实施科学有效的管理十分重要。就目前而言，大学生宿舍管理大致有以下几种方法。

1. 行政方法

行政方法是指学校根据学生宿舍管理工作需要，设立专门的管理机构配备相应的管理人员，根据学校的校规校纪和学生宿舍管理制度、条例等，通过学生宿舍管理人员、服务人员及学生干部，用强制性行政命令、规定，直接对住宿学生进行宣传教育，增强住宿学生执行规章、制度、规范的自觉性，使宿舍管理有章可循，依法办事。行政方法是高校学生宿舍管理普遍采用的方法。为了提高学生宿舍管理行政方法的有效性，应科学运用相应的管理方式。

（1）行政命令管理方式

行政命令管理方式是指凭借行政职权与权威，通过口头或书面等方式，发布必须执行的规定、决定、指示，它具有明显的强制性、权威性、直接性。对贯彻执行制度、条例、规则的职责范围、处罚规定要明确具体；对不服从管理的要有相应的纪律、制度、惩处规定与执行程序作为保障，以保证管理规章制度能贯彻执行，实现有效管理；对违反条例的处理要一视同仁，对管理条例的执行做到公开、民主、公平、合理。学生宿舍管理制度、条例、规则、规范的制定要科学，既要符合国家法规、条例，又要有学生的认同，这就要求规章制度的制定不仅应有管理人员、法律专家、主管领导，还应有规章制度的针对人——学生或学生代表参与，这样的规章制度才会有牢固的群众基础，才能得到更好的执行。在具体实施行政管理方法时，要做到制度化、规范化、程序化管理。根据高等教育规律，高校管理目标、基本原则、管理程序和学生宿舍自身规律，应制定一套包括《学生宿舍管理办法》《学生社区管理委员会工作条例》《学生宿舍公约》《各级工作人员岗位职责》《文明宿舍建设实施细则》等完整、系统的规章制度，管理服务规范和学生宿舍日常工作处理程序，并采用多种方式向学生进行宣传教育，使学生一进宿舍，就知道应当做什么，不该做什么。明确做好了按何规定受到何种奖励，违反了按何种程序哪条规定接受何种处罚。使管理服务人员和学生，都有纪可守，有章可循，建立和谐的人际关系，提高工作效率。

（2）激励方式

激励是教育的一种方式。激励的直接着眼点是激励学生的感情，产生良好的行为。公寓管理人员应掌握激励的艺术，不断创造条件，变换激励方式。同时，在激励过程中，开展思想品德教育活动，以对学生起到感化作用，解决思想认识问题，巩固激励成果。在学生宿舍管理工作中，其激励方法可以采用以下几种类型：第一，参与管理激励。吸收学生参与管理，成立宿舍管委会，对学生宿舍实行民主管理，以激励住宿学生共同管理好宿舍的积极性和主动性；第二，目标激励。每学期公布学期、学年评选文明寝室，个人标兵的数量，条件、奖励方法，以激发学生达到某一目标的驱动力；第三，由尊重激发出来的。学校要重视大学文化建设，使之成为具有浓厚文化氛围的良好教育场所。对积极配合、为宿舍管理作出贡献的个人或集体，要给予适当的奖励，包括设立荣誉榜和优秀榜，并在学生名册上登记，使其成为其他学生的榜样，明确前进方向。通过发放奖券、实物、奖品和物质鼓励，使学生在精神上得到鼓舞和激励，从而达到加强宿舍领导的目的。这四个方面都是物质奖励的结果。对于那些为创建宜居宿舍环境作出贡献的个人和团体，上述不同形式的奖励还需要物质奖励的补充。不同形式的奖励也可以用来激励学生学习，从而使他们更有成就感。为了调动学生参与和配合宿舍管理的积极性，按照最初制定并公示的标准和比例发放奖励、奖品和其他激励措施。宿舍是人类成长和发展的重要场所。情感刺激是五个方面中的一个重要方面。也可以采用有效的方法来提高他们的学习热情，增强他们的信心。学生辅导员和宿舍长应密切关注宿舍学生的情绪变化，积极为解决学生日常生活中的实际问题出谋划策。为经济困难的学生提供就业培训机会，为患病的学生提供医疗和营养支持，对有错误思想或行为的学生给予有针对性的关心、爱护和支持，帮助他们树立自信心。

（3）疏导教育

转移教学法是一种积极的教育和培训形式，教育者利用心理学原理和方法，帮助主体认识到发展和变化的规律，使其心理状态适应客观环境的要求。转移是打开和重新引导一个区块。通过它，达到让学生自觉纠正自己的缺点和错误，培养良好道德品质的目的。为了把大学生的情绪引向正确的方向，必须建立疏导机制，通过良好的引导，引导他们偏离正确的思想和情绪，达到疏导的目的。由此可见，高校学生宿舍的管理存在一定的难度。尽管学校采取了加强宿舍管理的行政措施，但仍有部分学生持“无所谓”“不关我事”“我行我素”等错误态度。因此，对严重违反宿舍管理规定的学生，要严肃处理，确保校园秩序的维护。严格规范管理。对于广大学生来说，只有加强行政领导和思想教育，才能提高学生对宿舍管理规章制度的自觉性，同时适时运用疏导教学法，听取学生的意见和想法，了解学生的心理，采用启发式、建议式讨论等方法，实行疏导教学。对于学生本人提出的合理要求或违规行为，可向有关部门反映。对于学生的合理要求，可以采取循序渐进的办法，也可以创造条件予以落实；教师本人要以身作则，严于律己。对那些提出不合理要求或违反纪律的人，要采取严厉的措施予以批评。对那些成绩优秀、品行端正，但由于种种原因产生不良情绪的学生，要耐心引导，帮助他们克服困难。应采用积极的疏导教学法，不给他们施加不适当的压力，不容忍他们的行为。为了保证寄宿制管理的顺利进行，需要采取措施，消除后者的心理障碍，理性地引导他们认识问题，促进他们改变。

（4）采用了一个学生参与治理的模式

学生是治理过程中最积极和最具创造性的因素。现代管理理论认为，以人为本的工作是管理的核心，调动员工的积极性，使每个管理者都能意识到总体目标、责任、意义和相互关系，使他们能以积极、主动和创造性的方式完成任务。因此，在高校实施以人为本的科学管理中，必须突出宿舍这一重要群体的作用，通过宿舍这一特定环境，影响全体员工的思想和行动，促进整个学校各项工作的顺利进行。根据管理心理学对“参与”和“认同”行为的研究结果，让普通成员以不同方式参与管理和领导，可以提高成员的心理满意度，增强工作的积极性，减少对抗，增加责任感和使命感。这反过来又刺激了关爱、支持和主动帮助的行为。通过这种民主方式，引导学生积极参与到宿舍管理中来。为了满足具有一定知识和技能的大学生的住宿需求，高校应主动组织学生宿舍楼管理委员会，设立楼层和宿舍管理员，促进大学生参与决定学生宿舍管理模式，制定学生宿舍管理目标，积极参与问题解决和事件处理活动。这样可以培养良好的校风和学风，促进和谐校园的建设。在宿舍管理中加强自我价值感和重要性，可以提高对宿舍管理决策的认同感，从而增强向心力和自觉性，实现密切协作和共同工作。同时，通过参与宿舍管理，学生可以提高自己的组织协调能力，从而取得更有效的管理效果。

学生积极参与宿舍管理，是提高宿舍管理效果、满足人的发展需要的重要途径。目前，学生普遍缺乏对宿舍管理的正确认识。学校的学生宿舍管理应从战略高度出发，积极提供支持，根据具体情况灵活调整管理方式，实行民主化管理。同时，要建立科学有效的制度，使其具有可操作性，保证学生积极参与大学生活。在条件成熟的学校，学生有机会自己领导，且行政部门则提供指导、支持和帮助。还需要建立有效的激励机制，激励大多数学生在宿舍管理中充分发挥积极性和创造性。一般来说，学生参与宿舍管理可以采取三种不同的形式。第一，主动参与。首先是参与咨询过程。这意味着由管理人员在自己的班级进行个别访谈。提出一系列旨在改善寄宿学校管理的关键治理改革措施、改革建议和规章制度的起草。在这些意见和建议的基础上，学校制定了具体的实施方案并组织实施。第二，参与决策过程。通过与学生家长或相关部门的沟通，及时了解家长和学校对寄宿学校管理的要求和期望，为管理者的决策提供依据。为了解决寄宿制学校管理中的重要问题，挑选学生代表组成调查研究小组，在调查研究和系统分析的基础上，直接参与决策。同时，要建立民主机制，确保决策权的正确行使。第三，参与行政事务。高校学生公寓管理是一项庞大而复杂的系统工程，涉及学校的方方面面，需要各部门通力合作，协调配合。学生公寓的日常管理是在学校学生公寓领导小组或学生公寓楼管理委员会的参与下进行的。

2. 经济方法

经济方法是指经济组织利用物质利益来影响所属人员行为并使之与组织目标相一致的一种管理方法。随着教育体制改革的深化，学生宿舍管理应加强高校经济核算，提高教育投资效益，对学生适当采用经济方法进行管理。例如，对学生收取学杂费、住宿管理费等，同时变助学金为奖学金、贷学金；入学时学生先交费后注册，不交费或严重违反宿舍管理规定的，学校不准其在学生宿舍住宿；将住宿学生在公寓的表现作为道德操行，实施考评德育分与评奖学金挂钩；在宿舍日常管理中，核定水、电用量，超指标加价收费，减少水、电浪费；为防止损坏公物，学生住宿时每人交一定数额的押金，损坏公物扣款赔偿等。

总之，适当运用经济方法有利于完善学校及学生宿舍管理职能。但经济方法不是万能的，作为国家主管主办的高等学校，不能过分强调以经济制裁方法进行宿舍管理。对学生的收费要适度，对损坏公物要酌情赔偿，对违反规定的处理要合情合理，严格控制，避免处理过当。

（三）大学生宿舍管理的心理咨询

大学生正处于青年时期，存在着青年的特点和青年知识分子的特点。学习竞争的激烈，就业形势的严峻，爱情问题上的不如意，因与同学交往产生障碍而导致的焦虑，部分同学经济上存在的压力和家庭教育的不当等，都导致了当前高等院校部分学生在心理上存在问题。对学生管理工作者而言，这类问题是绝不可轻视或忽略的。对此，校方有必要选聘有经验的、学生信得过的教师、心理医生在学生宿舍开设咨询室，用社会学、心理学及医学知识、生活经验开展心理咨询健康咨询等，帮助学生解除困惑，培养积极的心态，使他们适应环境变化，树立信心，这对搞好学生宿舍管理是一个有效的辅助管理方法，也是学生宿舍管理人员参加教育过程的有效措施。

学生宿舍心理咨询方法的特点是学生由被管理的被动地位转为主动地位，而管理者（包含教师、医生、管理人员）由主动地位变为被动地位。学生心甘情愿地向管理者诉说自己的"遭遇""苦衷"，以求得对方的同情、理解和指导，从而使焦虑、郁闷、孤独、压抑得到释放和宣泄，保持心理平衡。

心理咨询方法对帮助心理有障碍、行为受挫折的学生消除消极的心态，树立信心有重要的作用。学生认为对方是自己的师长、父辈，"救命"的医生，是信得过的，心理上消除了“防卫”和“戒心”。因此，对他们阐述的道理、行为规范、健康知识能听得进，又能双向交流感情，商讨问题，有较强的针对性，利于师生建立友谊，激发学生的潜能和消除自卑、自弃心态。

学生宿舍管理中运用心理咨询方法有各种不同的方式。一般地讲，单独面谈，或约几个知心朋友一起谈，或采取书信、网上交流等方式回答问题、交换意见都是可行的。也可以针对学生中普遍感兴趣，或带倾向性的问题，举办研讨会，或开设咨询课，或请有名望的专家、教授、医生做专题讲座，并当场回答学生的问题，引导学生健康成长。

三、大学生宿舍管理的体制及模式

（一）大学生宿舍管理体制的概念

管理过程是计划、组织、管理和控制组织可用资源的过程，以实现既定的组织目标。管理的过程包括一系列相互关联的连续活动，要在特定的政治、经济和文化环境和条件下进行。

在中国特色社会主义市场经济体制下，为了实现学生公寓的科学管理，保证学生有一个优质的生活和学习环境，建立了学生公寓管理机构，明确了学生工作部门、后勤（物业管理）部门、保卫部门、学生政治辅导员和宿舍管理人员的职责和权限划分，以及学生公寓管理的规则、管理程序和决策程序等，以实现育人的目标。

（二）大学生宿舍管理体制的类型

随着我国改革逐步深化，尤其是高校后勤社会化的推进，学生宿舍管理体制也在不断发展变化。就目前而言，高校学生宿舍的管理体制主要有以下几种类型。

1. 行政管理体制

宿舍管理制度以后勤部门提供的住宿为基础，而学校采取集中管理和分散管理的行政方式，校领导负责决定管理费的收取标准。这与传统的“三级”管理模式和家庭护理模式不同。在管理过程中，教学部门、安全保卫部门和后勤部门各有自己的职责和任务。这就形成了以学校为主体，各部门为辅助的三级管理体制。虽然行政系统的特点是集中管理，领导有力，但由于管理界面分散，往往是各自为政，互不相干，管理人员和学生之间很容易产生对立情绪。诚然，这种管理体制在一定的时期内曾起到积极作用，可在提倡民主、和谐的时代，存在不少弊端，有待于进一步探讨、完善。

2. 学生自我管理体制

学生自我管理是一种专门针对大学学生管理的以人为本的方法。它有别于传统的“三级”管理模式和家庭关怀模式。在20世纪初泰勒提出的科学管理中，以人为本的管理思想过于强调所有业务活动的定额和严格的操作程序，而忽视了对人的管理，从而形成了以人为本的管理理念。其主要特点是强调人的激励和发展，把人视为组织发展的主体和最重要的资源。在知识经济时代，以人为本的管理的核心是提高人们的知识和能力，培养他们的创造力。因此，管理者必须始终遵循以人为本的原则，建立激励机制，让每个成员都有机会展示自己的能力，营造尊重、和谐、快乐、进取的氛围，激发人们参与管理的热情、想象力和创造性。学校领导层应以人为本，把教育看作是一项灵魂建设工程。将学生自我领导机制纳入学生管理系统，可以有效控制学生的自我管理。这个系统由学生自治团体组成，这些团体是由学生自愿组成的自治组织。通过公开选拔学生宿舍管理机构的工作人员从事管理和服务工作，以制定相应的学生宿舍管理制度、规则、程序、考核和奖励办法，以实现学生自治制度的加强。要建立对所有学生全面负责的制度，形成“人人有责”“人人管事”的氛围，实现对每个学生全面负责的目标。在寄宿制学校内设立民主管理委员会，制定民主管理制度，确保其民主权利与寄宿制学校管理机构的管理职能相一致，相互支持，以提高寄宿制学校管理水平。学生自治是指学生宿舍的整体规划和组织，以及这些规划和安排的结果的实施。为保证学生宿舍的有效管理，学校提供必要的生活场所，配备相应的设施和设备，给予权威和指导，积极协调关系，提供优质服务。在此基础上，将建立完善的寄宿生宿舍自我管理制度。学生自我管理有两种类型：第一种是寄宿生自己管理，学生完全负责自我管理、自我教育和自我服务，学校则提供支持和指导。这是较典型的管理模式。这种类型的教育机构，如深圳大学和华侨大学，是一种独特的形式。这类大学通常有专门的管理部门或专职管理人员，从思想、政策和纪律上保证对学生进行全面系统的管理。第二种是学校为学生住宿管理提供支持和帮助，确保学生住宿管理服务正常运行，同时鼓励学生自我管理、自我服务。

3."主辅"管理体制

这种管理体制是以行政管理为主、学生参与管理为辅，主要包括两种形式：一种是通过学生选举或有关部门推荐，直接任命学生宿舍的副经理或助理经理，协助中心主任（或系主任）管理学生宿舍，他们还负责学生宿舍建设委员会的相应工作；另一种是各职能部门的管理人员任命到教务处。负责学生宿舍工作的是副书记兼秘书长，协助中心主任进行日常管理。另外，学生代表将参与学生宿舍管理委员会的组建，协助对大学学生宿舍进行有效管理。在实践中，"校长－助理－托管人"的管理模式是一种合理有效的模式，得到了许多大学领导和学院的认可和欢迎。学生的意见和建议得到了倾听，他们的组织能力也得到了很好的发挥，并且更容易与大学的决策和行动进行沟通和支持。

（三）大学生宿舍的管理模式

1.学生宿舍管理模式的含义

学生宿舍管理模式是指当在大学学生宿舍进行行政管理活动时，采用的组织和管理形式。从某种意义上说，学生宿舍管理模式决定了整个校园的管理水平。对学生宿舍进行系统的管理，需要考虑到社会制度、学校规模、管理体制等方面的因素，因此，要充分发挥学生宿舍管理的效能，全面实现管理目标，适当的治理模式必不可少。随着社会的不断发展和高等教育的改革，高校的学生宿舍管理出现了许多新的情况和挑战。因此，高校在学生宿舍管理模式的研究上投入了大量的精力和资源。

2.我国的学生宿舍管理模式

当前，我国各大高等院校采用的学生宿舍管理模式大致可归纳为五种不同的类型。

(1) 建立了一个有行政分工的治理模式

这种治理模式存在多层次治理和管理效能低下的问题。传统的寄宿制管理模式是由学校的不同部门按照职能分工承担具体的寄宿制管理任务。后勤服务部门不仅提供宿舍和设备，还负责环境卫生的维护和管理；学生会负责管理一个班级所有学生的宿舍，并与其他职能部门一起开展各种活动。学生的思想教育工作由学生会和校团委共同承担；所有这些都是高校学生管理的基本职能，它们既相互区别又相互联系。学生宿舍的安全是一项重要工作，由大学保卫处负责。这种管理模式具有高度的科学性，能够更好地保证大学各项职能的顺利实现。通过行政分工的管理模式，对学生宿舍的管理进行了细致的分工，明确了责任，有助于专业部门建立制度化、标准化的工作安排，从而提高工作效率。然而，由于学生公寓管理的复杂性不断增加，行政分工的模式已经逐渐失去了适应现实工作需要的能力，出现了多头管理、责任推诿、缺乏合作、缺乏合力等一系列弊端。因此，在当前的学生公寓管理中，它已逐渐被其他更先进、更合理的管理模式所取代。

（2）主管学生会系统的管理

该类型管理实行了以学生自助体系为核心的学生宿舍管理模式。学生工作管理小组由一名团总支副书记或副主任、一名团总支书记、一名政治辅导员和一名班主任组成，负责宿舍的安全、水电、卫生、维修等方面的全面管理，后勤部门只提供物质保障。学生工作系统主管模式针对性、灵活性较强，有利于加强对学生的思想教育工作，促进学生的全面发展。但由于学生工作领导小组成员精力有限，教学、科研、宿舍管理工作很难兼顾，往往忙得团团转，却顾此失彼。因此，这种管理模式也逐渐不再采用。

（3）学生自我管理的模式

学生必须自己组织起来，负责宿舍的安全、水电、公共财产的维护、工作和卫生制度的制定、实施和监督，学校只提供理论和指导以及适当的经济支持。这是充分体现学生宿舍民主性管理原则的一种模式。实现学生自主管理的主要机构是学生宿舍自我管理委员会，该委员会的成员由广大同学推举产生，报经学校批准。该委员会负责全面管理宿舍的行政活动，包括但不限于宣传宿舍、执行规章制度、控制和评估各项工作、处理批评和各种违规行为，以及各种服务和设施的运行和维护。学生自主管理模式具有宿舍管理的针对性强、灵活性大、范围广、效益高等优点，在理论上值得推崇和肯定，但实际推行起来却因学生群体的自觉性不够，同时缺乏大批得力、过硬的学生干部而困难重重，因而只是在理论上加以肯定，在实际学生宿舍管理工作中却不常用。

（4）整体性的治理模式

这是对传统单一治理模式改革后形成的一种新的治理体系。学生公寓的综合治理将由后勤服务总公司或学生工作部（处）作为主管单位，学生公寓管理处或学生公寓管理中心作为责任主体，后勤处、安全保卫处、思想道德教育与学生工作部、相关院（系、部）及参与学生公寓管理的学生事务工作人员、管理人员和保安人员，按照各自的职责进行领导。提高学生公寓管理的整体效率为了提高学生公寓管理的整体效率，在学生公寓管理过程中必须熟练运用行政管理、思想政治教育、经济、咨询指导等多种方法和手段，以达到最佳效果。保证宿舍的卫生、安全、秩序和日常维护，是保证宿舍环境有序、优美的必要条件，公共场所清洁卫生，房屋、设施、水电供应始终保持正常状况，宿舍秩序井然、舒适、文明，管理人员、服务人员、治安保卫人员积极治理宿舍环境，主动做好防火、防盗工作，及时预防和妥善处置突发事件，实现教育、管理、服务一体化。学生综合管理模式目前在我国高校学生宿舍管理中较为普遍。在新形势下，伴随着高校后勤社会化的逐步完善，学生宿舍如何更有效地发挥好教育、管理、服务三项功能，不少高校进行了有益的探索。例如，重庆交通大学的学生社区管理模式就是其中的典型，在全国产生了较大的影响，形成了学生教育管理、物业管理、安全保卫、饮食服务“四位一体”的管理模式。

第四节　大学生奖惩制度创新

奖励与惩处是管理者实施管理行为、实现管理目标的重要方法之一。奖惩制度是高校学生管理制度体系的重要组成部分，是高校坚持社会主义办学方向、促进学生成长和成才的重要方法之一。高校学生奖惩制度，对大学生在校期间的思想、行为导向有着直接的影响。可以说，高校制定的学生奖惩制度，在很大程度上反映和表明了学校提倡什么、反对什么，具有明确的指向性和导向性。因此，在严格遵循国家法律、法规及教育行政主管部门要求的前提下，规划、制订、执行好学生奖惩管理制度，对于激励学生成长、成才，把学生的思想和言行约束在社会、国家、学校及大学生群体允许的范围之内，具有十分重要的现实意义。

一、大学生奖惩管理的现状

我国高校学生管理制度经历了较为漫长的发展过程。经过六十多年的曲折发展，我国基本上形成了特色鲜明、体系健全的学生奖项制度体系。

（一）我国大学生奖惩制度的发展

我国高校学生奖惩制度主要经过了以下几个重要发展时期。

第一，从中华人民共和国成立之初到20世纪60年代初，中国大学的学生管理制度经历了一个萌芽的创新期。这是一种新型的管理制度，是对传统的单层管理模式进行改革后出现的。在这个阶段，学生管理制度的建设主要集中在对学生入学管理的各个环节制订详细的规则，以满足不同的需求。这一时期的高校学生管理在维护国家教育利益、保证高等教育质量方面发挥了重要作用。党的十一届三中全会以后，在改革开放的大背景下，随着社会经济和文化的快速发展，我国高等学校的学生管理制度逐步走向健康有序的道路，取得了一定的进展。1977年，我国恢复了高等学校招生考试制度，因此需要全面恢复、建立和加强学生管理制度。为此，教育部于1978年12月13日颁布了《高等学校招生工作管理暂行规定》，对招生管理的各个环节进行了系统的规范。1983年1月20日，教育部颁布了《全日制普通高等学校学生学籍管理办法》，这是对我国高校学生招生管理实践的全面反映和理性总结，是我国高校学生管理制度建设的重要成果。它在高校教育理念、组织结构、管理手段、管理方式等方面有许多创新，为当前高校学生管理提供了有益的借鉴。在一定程度上，它是中国高等教育中精英学生学业管理的典范。

第二，20世纪80年代末90年代初，中国高等教育的学生管理制度迈入了法治化和全面改制的时期。在这一时期，高等教育的学生管理制度从高等教育的制度角度保证了高等教育教学的顺利实施。这一时期的主要里程碑是：1990年1月20日，国家教育委员会以条例的形式颁布了《普通高等学校学生管理规定》。1995年的《中华人民共和国教育法》和1998年的《中华人民共和国高等教育法》以法律形式规定，学校有权管理学生的学籍，有权决定奖惩。这正式确立了“依法治教”。在此期间，政府颁布了一系列关于高等教育学生管理的配套法规。其中许多文件已经成为大学在工作中学习的基本内容。例如，国家教育委员会于1989年11月17日颁布了《高等学校学生行为准则（试行）》，1990年9月18日颁布了《高等学校学生安全培训与管理暂行规定》，1993年12月29日颁布了《高等学校普通学历证书管理暂行规定》及其实施细则，1995年颁布了《研究生学籍管理规定》。进入21世纪，随着我国高等教育的发展变化和法治化建设的逐步完善，1990 年国家教育委员会颁布的《普通高等学校学生管理规定》展露出了诸多不适应之处。

《普通高等学校学生管理规定》已于 2016 年 12 月 16 日经教育部 2016 年第 49 次部长办公会议修订通过，修订后的《普通高等学校学生管理规定》自 2017 年 9 月 1 日起施行。要求有关部门对在德、智、体、美等方面全面发展或者在思想品德、学业成绩、科技创造、体育竞赛、文艺活动、志愿服务及社会实践等方面表现突出的学生，给予表彰和奖励；对有违反法律法规以及学校纪律行为的学生，给予批评教育，并可视情节轻重，给予相应的纪律处分。

（二）大学生奖惩制度创新的背景

高校学生奖惩制度的创新是依法治校的必然要求。我国在由计划经济体制向市场经济体制的转变过程中，逐步确立了大学的法律地位，我国高等教育法明确了高校的法人资格，并规定了公立高校实行党委领导下的校长负责制，一方面赋予了高校诸多的办学自主权，另一方面也强化了对高校管理的监督。这种监督体系中，一个重要的方面就是法制监督，要求高校的一切管理制度和管理行为必须在国家法制的框架内制定和实施，不能随意超越国家的法律制度，更不能违背国家的法律规定，提高学校管理的法治化水平，做到有法可依、有章可循。而法治的总体趋势是保障公民权利、限制公共权力、增进公共福利和实现社会公正。因此，高校学生奖惩制度首先要根据这种法治理念，改变过去只重视学校公权使用，忽视学生私权维护的状况，在赋予学校公权与限制学校权力之间寻求平衡点，并把它作为学生奖惩制度设计创新的突破口。

高校学生奖惩制度的创新是当前大学学生管理实务中解决面临的诸多问题的现实需求。面临越来越多的校生之间的司法纠纷，教育行政主管部门和高校开始反思管理制度本身，重新审视制度里某些规定的合理性和制度实施程序的合法性问题。一时间，高校学生管理问题成了热门课题，学者们不断从教育、法律、管理等视角开展研究，就学校和学生的权利与义务、高等学校的法律地位，学校与学生之间的法律关系、学校公权使用与学生私权维护、学生权益救济渠道等问题进行了广泛的讨论，提出了不少建设性观点。这些对于高校学生奖惩制度的创新都有启发和借鉴意义。

二、大学生奖惩制度实施的原则

高校学生奖惩制度的实施，应体现公开平等，准确适度、适时适境、管理与教育相结合、民主合法、反馈发展等六个基本原则。

（一）公开平等原则

公平的先决和根本是公然和对等，是制度化、规范化管理的最初条件。大学中的奖惩制度实施必须是公开和平等的。只有在公开透明的情况下，学生才能积极参与；没有民主参与，就没有真正有效的学校治理体系。只有在平等的前提下，才能得到广泛的认可和接受。因此，在学校的民主管理中必须尊重公开原则。同时要建立完整的评价体系，让每个学生都能看到评价结果。为了保证对学生监督的公平性和可信度，应将奖惩结果公之于众，以便于更好地了解和比较，达到激励和劝阻的效果。学校教育管理部门必须尊重每一个学生，平等对待所有学生，无论他们的财富和特权如何。必须以平等原则为指导，严格遵守各项规章制度和程序，不因个体差异而有所偏颇，必须体现所有学生的共同利益。

（二）准确适度原则

一个群体的道德和社会心理关系是否健康，在很大程度上取决于奖惩的准确性。奖励者没有足够的威信以获得人们的信任；有些人对被处分的人表示同情和叫好，但这种感觉并没有给他们带来心理上的冲击。这两种现象都是由不准确的奖励和惩罚造成的。因此，在实施奖惩时，决不能夸大其词、言过其实。

在时间管理方面，应灵活运用特定时间和延缓强化策略，以达到更有效的管理效果。虽然奖励可以对整个纪律案件产生立竿见影的效果，但纪律制裁往往是不完整的或无效的。及时调查和制裁奖励和大多数纪律案件，对确保奖励的有效性和公平性至关重要；制裁则不然，它必须是自由裁量的，不能听之任之。强调制裁对学生的约束作用也很重要。应该尊重那些冲动和无意中犯下违纪行为的学生的自尊心和合理的心理需求，以避免因不适当的滥用而导致的错误和负面后果。奖励和惩罚学生是一种微妙的思想政治教育形式，应与其他教育形式结合起来使用，以使其影响最大化。

（四）管理与教育相结合原则

在高校中，学生干部要把培养人才作为指导思想来抓。在奖惩过程中，要把宣传、教育、引导作为主线贯穿始终，让学校的规则真正深入到学生的人耳、脑中，形成”见贤思齐”的效果。

（五）民主合法原则

奖惩工作必须遵循民主原则，尊重和保护学生的基本权利。教师的指导作用必须与民主平等的双向沟通相结合，这样才能以轻松和令人信服的心情训练和感染科目，教育工作者也可以从中获得有益的启发。随着社会主义法律制度的不断完善，大学生的法律观念也在不断强化，他们越来越意识到用法律来保护自己的合法权益。因此，在制定和实施不同的规章制度时，我们必须遵守法律规定，与国家法律法规保持一致，不得与之相冲突。

（六）反馈发展原则

奖惩工作要满足民主合法性原则，使受教育者在快乐、有说服力的状态下受到教育和感染，获得有益的知识。同时，对违反校规的行为进行必要的制裁和处罚。随着社会主义法治建设的深入发展，学生的法治意识越来越强。因此，在修订和实施各种规定时，需要遵守法律规定，不得与国家法律、法规相抵触。

三、大学生奖惩制度的创新

（一）大学生奖惩制度创新机制

1. 动力机制

变化是创新永恒的动力。当一个组织面临环境的变化，认为其还足以应对时，它的创新愿望可能不会有效激发；只有当它意识到凭借现有的组织结构、制度或能力不足以应对变化的环境，感到有危机时，创新愿望才可能被激发。总之，“现状”是创新的发动机。我国高校学生奖惩制度运行几十年以后，制度本身与“现状”出现了极大的冲突，依靠微调已经不能弥补其间的裂隙，高校学生奖惩制度尤其是学生违纪处理条例，在管理实践中已经产生了不适应性，必须进行根本性的变革，制度创新应运而生。

2. 决策机制

制度创新的具体实施在基层，而创新决策取决于领导层。领导层本身的思维及营造的环境气氛（或文化），对创新具有巨大影响力。创新需要时间，并且往往会引起一定程度的阻碍和抵制，因为创新不只是简单地改变完成一件事情的方法，它还是行为方式和思维方式的深层次变化。既然行为模式不可能在一夜之间发生变化，那么我们就不可能通过命令来实现真正的创新。创新同样是一种思维模式，它是一种对现状经常持有怀疑态度的习惯，它绝对不会想当然地把过去行得通的做法用于现在的情况。因此，高校学生奖惩制度的创新，一方面来自“现状”的压力，另一方面来自领导层不断探索和实验的习惯，以及由领导层的示范效应带给所有人的敢于创新、乐于创新的气氛，并创造条件使得人们调整因创新而发生的思维和行为方式的变化。

领导层的决策还决定了对创新结果的选择。人们的创新结果可能很多，有的也许相互矛盾，在这些备选结果中哪些保留、哪些放弃，领导层必须作出决定。而一旦作出了决定，选择的创新结果进入了制度范畴，那么下面的基础组织就必须执行，尽管可能这种制度还存在某些不完善之处。

3. 反馈机制

创新结果是否适应现状和未来发展，必须经过实践的检验，考察其适应性和可行性。因此，创新的后期工作总是要回顾上一次的结果，反问哪些方面是成功的，哪些方面没有达到应有的效果，然后保留成功的方法，在上一次没有达到预期目标的地方尝试不同的思路和做法。高校学生奖惩制度创新实践必须通过反复地调研、比较，在许多预选方案中选择最适宜的方案，并且要不断反馈实施的信息，以验证方案的可行性。

4. 调整机制

制度创新不可能一蹴而就，它是在反复调整、不断修正中完善的。高校学生奖惩制度关系到学生的切身利益，每一项条款都必须慎重，要根据反馈结果显示的制度与现状的差距适时实施调整。而调整的依据一是国家的法律法规，二是高校学生实际情况的变化，三是高等教育和高等学校管理的实际；调整的核心是围绕学生的权益保护；调整的目标是在学校管理与学生权益之间寻求动态平衡点。

（二）大学生奖惩制度创新实践

在学生奖励方面，从过去较单一的形式（如“三好生”）向多层次、多形式（如综合奖、单项奖）转变。我国高校的学生奖励制度比较注重共性，忽视了个性发展。大多是千篇一律的“三好学生”“优秀学生干部”或“先进班集体”等评选，沿袭了十几年甚至几十年，其激励的边际效应已经大大降低。为有效发挥奖励的激励作用，可以采取定期奖励与不定期奖励相结合，综合奖励与各类单项奖励相结合的方式，每年均在学生中大力开展“争先创优”活动，集中表彰一批活动中表现突出的先进集体和个人；根据学校参加和组织的一些大型活动，适时地奖励一批表现突出的学生集体和个人。在奖励评定标准方面，既注重考查学生的综合素质，对德智体美等全面发展的学生进行综合奖励，制定综合奖励评定条例，设立综合奖学金、优秀学生奖励等；又鼓励学生的个性特长发挥和发展，制定各类单项奖评定条例，对在文艺体育、科技学术、社会实践、社会服务和见义勇为等方面表现突出的学生进行奖励，尤其对获得国际级或国家级奖的学生实行重奖。同时，规范表彰奖励的评定程序，严格标准、严格推荐、严格审查、严格公示，不允许暗箱操作，凡是校级以上的奖励评选，必须上网公示，接受全校师生的监督。以此形成点面结合、层次分明、公开透明的学生奖励机制。

在学生处分制度方面，首先取消和修订一些与我国的基本法律制度和教育部新颁布的《普通高等学校学生管理规定》相违背、不一致的条款。其次，要确立学生违纪处理条例修改的基本原则和要求，要体现育人为本的原则；条款要符合教育部的有关规定，符合学校的实际情况，符合教育发展规律。条款制定宜细不宜粗，以便于操作；对学生处理宜宽不宜严，重在教育；处理材料宜实不宜虚，减少随意性。再次，强化程序规范，确立学生权益救济渠道，建立学生申诉制度，成立学生申诉处理委员会。最后，对毕业生违纪处理中的特殊情况在不违背国家有关规定的条件下，进行适当的变通处理。

（三）大学生奖惩制度创新的环境条件

要想制度创新，需要有三个方面环境条件：第一，制度本身在的环境，有着历史、内容和职能等各个方面；第二，制度中的行业环境、特点、发展前景和规范等各种因素；第三，制度所处的社会文化环境，如社会风气、价值观和道德观。

一个国家的制度、政策和管理理念会受到所在地区和环境的影响。制度创新需要从这三个方面来考虑，并形成一个系统的概念体系。就高校学生奖惩制度的创新而言，需要深入研究其在环境认知中的演变，在中国高等教育发展中的地位和作用，以及该制度的优势和可能的劣势；中国的学生奖励机制与西方发达国家的学生奖励机制有哪些不同？我国高等教育体系中学生管理制度的模式、规则和地位的独特之处；我国高校的内部管理制度及其运行机制；等等。中国的政治、经济、教育和法律制度环境，以及我国高等教育的现状和未来发展方向，都是需要深入研究和探讨的重要课题。

（四）大学生奖惩制度创新的制约因素

高等教育中的学生奖惩制度所处的环境限制了其创新过程。作为一种管理形式，奖惩制度激励和鼓舞了大学生。在社会不断发展和进步的背景下，创新的本质是需要突破某些限制，并将某些限制当作创新的跳板。目前来说，中国的大学不知道如何正确奖励学生，原因有很多，包括法律和制度方面。同时，高校奖惩制度的改革和实践被一些校内外的客观原因影响着。例如，学校内部管理体制的缺点可能会关系学生奖惩制度的正常实行；学生诚信意识不深刻，可能会影响奖惩制度本该有的激励和限制作用；学校外部环境管理的紊乱与学校内部管理的严格之间的强烈差距会使得学生对学校管理规则不信任。

当然也并非所有的制约因素都是创新可以逾越的，高等学校的教育目标任务、国家的政治法律制度不能违背或超越，这些是我们在进行学生奖惩制度创新中必须遵循的基本原则。这些有的需要学校自身的逐步完善，有的需要政府、学校、社会的共同协调和努力，为学生管理制度的创新与完善创造更好的内外环境。

第四章　产教融合概述

本章为产教融合概述，依次对产教融合的概念、产教融合的理论、国外产教融合的实践、国内产教融合的发展，以及我国产教融合存在的问题进行论述。

第一节　产教融合的概念

一、产教融合的含义

产教融合是一种价值取向，其宏观体现在将职业教育体系与国家产业体系紧密结合；在高等教育层面，其以产学研合作为基础，创新人才培养模式和办学模式。换一种表达方式，即教育界与产业界需紧密合作，将教育和生产相结合，实现平等互利的关系，最大化地利用各方教育资源和环境，以优势互补和协同育人为目标，实现学生、学校、企业和社会的共同发展和繁荣。

产教融合始于产教结合，其初衷是指高校根据设立的专业积极开发相关产业，并将产业与教学紧密结合，相辅相成，相互促进。这种模式旨在将高校作为一个产业性经营实体，打造成一个集人才培养、科学研究、科技服务于一体的综合性机构，使其与企业融为一体。

产教结合的基石是实际的“产”，即真实的产品生产。只有通过这样的基础和环境进行专业实践教学，教师才能真正发挥自己的教学水平，学生才能真正掌握实际技能。必须将工厂生产与教学紧密结合，并以“教”为目的，才能进行这种形式的“产”。只有在产教结合比较成熟时，才能逐步向“产、学、研”发展。现在学校的具备了产、学、研的整合能力，能够适应市场需求并转化为发展潜力，这为学校的强化和优化提供了坚实的基础。

二、产教融合的由来

现代意义上的产教融合、工学结合的教育模式最早是在英国出现的，但现在世界上比较公认的创始人是美国辛辛那提大学（University of Cincinnati，简称UC）工学院院长赫尔曼·施耐德（Herman Schneide）。直接起因是他发现学生在教室和书本上学不到实际技术，只有在工厂车间里才能学到，于是就组织学生到生产实践中学习后再回课堂学习。1946年美国职业协会发表《合作教育宣言》，正式提出了合作教育（cooperative education）的理念。我国最早引入合作教育的理念是20世纪80年代，1981年第6期的《比较教育研究》杂志发表了金含芬的文章《美国的合作教育》。但作为一种教育模式还没有纳入实践，之前主要是指教育与生产劳动相结合或教育、生产、科研三者相结合。1984年国家教育委员会派出的代表团在考察了加拿大的滑铁卢大学后，认为合作教育作为一种教育模式值得中国借鉴。20世纪90年代初期，我国学者在结合了中国的国情后，将合作教育定名为“产学合作教育”，并在1991年4月成立的中国产学合作教育协会上做了解释，认为产学合作教育是学校与用人单位合作培育人才，以突出企业和学校在合作教育中的地位和作用。同时也区别于苏联提出的基于人道化与民主化的合作教育。随着形势的发展，科研的作用更加突出，于是在1995年12月中国石油大学（北京）召开的中国产学合作教育协会年会上，“中国产学合作教育协会”改名为“中国产学研合作教育协会”。但其基本内涵不变，仍是学校与用人单位合作培养学生。

三、产教融合的特点

在国内外长期的实践中，产教融合已经获得了许多经验。经过文献梳理和对比国际经验后，可以得出结论：德国的双元制、美国的合作教育模式和英国的工读交替模式都是值得借鉴的模式。我国也在产教融合方面有所发展，在早期，主要采用校企合作的形式存在。其中有几种典型的模式，如“学院＋创业中心区”“专业＋大型企业”“专业＋龙头企业＋企业联盟”“专业＋校办企业”“专业＋行业协会”等。以上五种模式均为职业院校与当地经济发展相结合的创新成果，初步实现了产业和教育的融合。

这些模式虽然在不同程度上推动了高等职业教育的发展和产教融合，但它们主要关注产、学结合，而未能在内容上实现产教融合的广度，也没有体现高等职业教育的深度和校企合作的整体生态，因此无法达到产教融合的效果，它们的成功经验也难以被推广和复制。在社会主义市场经济中，产业结构不断调整和变化，高等职业教育必须实现产教融合，这种融合需要行业、产业、企业、专科和应用型本科院校等多方主体的共同参与和合作，以适应产业的多元化发展趋势，并形成新的特点和功能。

（一）立体式

社会主义市场经济追求的是多元化，产教融合服务于社会主义市场经济，所以其发展的路径也必然要受到社会主义市场经济的影响。产教融合在发展中也更加注重立体式的融合。立体式融合区别于平面融合，从融合的层次来说校企合作属于层次比较低的融合，即平面融合。产教融合是高层次的融合，即立体式的融合，它打破了原有单一或双向合作的限制，实现了在产、学、研三方面的全面、深入合作。该模式结合了生产、教学和科研特点，既是生产的主体，可以创造经济效益，又能提供产业需要的专业技术人才，为产业的可持续发展提供不断的智力支持。相较于传统培养模式，采用产教融合模式培养出来的人才在可持续发展能力上表现更加出色，这一点十分显著。另外，从企业需求的角度出发，也能为学校教育教学改革提供方向和目标，确保高等职业教育满足行业需求。具有融合特色的组织能够合理规划内部资源，包括基础、应用与开发性研究，为产业发展提供有力的技术支持，同时也为学校提供最新的信息资源，确保教育内容与时俱进。三种元素相互交织，形成一个良好的循环系统，开展教学、科研和生产活动，既加强自身内部发展，又不断向外辐射，发挥更大的社会影响和作用。这种立体式的融合对经济的增长和社会的进步都有着巨大的推动作用，同时也促进了教育的发展和进步。

（二）社会主义市场经济产业化发展

在社会主义市场经济的背景下，产业化发展是指根据行业和企业的实际需要，以实现效益为目标，从而形成一系列化、品牌化的经营方式和组织结构。此过程依赖专业服务和产教融合的水平管理，其主要特点包括：以市场为导向、依靠行业优势、规模化运营、专业分工、相关行业配合、龙头企业带动及市场化运作等。对于不符合市场需求的项目，应遵循市场进退原则，在适当时机及时终止不必要的投入，以避免产学融合运作中机制的片面性。因此，将产业化发展、教育和研究有机地融合在一起，形成产教融合模式，可以发挥市场需求的优势，三方互助、合作，共同实现产业强化、加强科研创新和培养优秀人才的目的。这种模式具有强大的市场竞争力和品牌影响力，能够规模化运作，并进一步推动其他合作项目的开展，完全按照市场规律进行运营。

（三）从企业需求出发

教育是培养人才的主要目标。早期的教育在人才培养中不是十分注重与企业之间的对接，产教融合在培养目标方面领先于传统的教育，产教融合的出发点是企业的需求。企业参与到人才培养的全过程之中，能够将自身的需求以最大化的形式表达出来，并且在课程设计中逐个满足。传统的高等职业教育产教融合实践过程中，搞形式、走过场、学校“一头热”的现象并不少见，每所高等职业院校在产教融合实践中都会遇到以上现象。通过分析可以发现，导致这些现象出现的原因很多，主要是双方在合作的早期并未找到能够让彼此共赢的路径。社会主义市场经济下的产业化发展，是指某个产业在市场需求和效益目标的引导下，通过规模经营、专业化服务和产教融合的水平管理，构建系列化和品牌化的经营方式和组织结构。其特点是注重市场导向、利用行业优势、实现分工专业化、促进相关行业合作，以龙头企业带动市场运作。在社会主义市场经济中，产教融合是一种面向市场需求的合作模式。该模式的特点是在产、学、研三方面各自发挥优势，强化协作，建立强有力的联合体，以满足市场需求为导向，赢得市场竞争并形成自身品牌。这种合作模式无法被其他组织简单复制，并具有核心竞争力和规模经济效应，能够促进其他合作项目的深入开展，并始终遵循市场规律。产教融合是通过重新确定组织主体地位的方式，确保在社会主义市场经济条件下开展产教融合活动具备法律保障的重要因素。过去许多校企合作项目无法实现产业和教育的融合，其主要原因是各参与主体的权利和义务关系缺乏明确的界定。这种关系的不确定性导致了合作事项的问题，进而影响了校企合作的进程。

（四）多主体管理

在产教融合中，主体角色正在悄然发生转移，由学校向企业和行业转变。这一趋势既与当今社会发展密切相关，又与教育不断进步有关。因此，在有效的产教融合组织中，学校、企业、政府和行业协会等应该相互合作、分工明确、共同管理，确保在开展任何活动之前都明确各自的权利和义务，并愿意承担最终的法律责任。这是必要的。这样做可以提高企业和事业单位对这项工作的责任感和主动性，同时使学校和合作单位在管理这项活动时更加规范和有效，避免了产教融合中管理工作的混乱情况。

第二节　产教融合的理论

一、杜威“从做中学”理论

（一）“从做中学”理论的提出

在教学中，美国教育家约翰·杜威（John Dewey）会将教学过程视为一种“实践”。他觉得人们的行为兴趣和冲动是由人类主体驱动的。人们通常通过总结主体和客体的经验获取知识和经验。他认为，学校应该被打造成为一个类似于社会的缩影，通过设置各种工厂、实验室、农场和厨房等实体设施，在学习过程中创建一种类似于小型社会的环境，使学生有机会学习并专注于自己热爱和感兴趣的专业和课程。他建议在教学中，应该设立和设计逼真的实践生产场景，并将其作为教学手段。通过这种场景教学的方式，学生会被激发出创造性的思考，运用提供的资料策略去解决场景活动中遇到的问题。这是杜威所倡导的以实践为基础的教学理论 Learning by Doing。根据杜威有关教学的主张，他认为学生需要在学校掌握生活和职业方面的各种知识，这种理论对于当时的教育领域来说是具有创新性的。据杜威所述，掌握解决问题和探究的能力是最为关键的，而这种技能的培养需借助科学方法的训练实现。他同时主张，教学活动中的要素应当与科学思维的要素相一致。为此，他提出“思维五步”或“问题五步”教学方法，具体包括五个步骤。第一，给学生提供一个真实的经验背景，使其对活动产生兴趣和连续性，也就是提供一个可实践的环境。第二，需要在这种情境中提出一个实际的难题，作为思考的催化剂，并能够被解决。第三，学生需要掌握相关的知识资料，进行必要的观察以解决问题，这需要一个实现“行动”的必要支持。第四，学生需要逐步地付诸实践以实现他们所构想的问题解决方案，这就要求他们必须经历全面的“实践”过程。第五，学生应该有机会通过实践来验证自己的想法，让这些想法更加清晰明了，同时让他们自己去发掘这些想法是否行之有效，即通过实践来检验结果。虽然“思维五步”教学方法看起来完全是让学生去执行，但实际上它是在集中“学”和“做”两者的力量，通过实践与教学结合使学生在“做”的过程中获得新的知识与技能，最终达到“学”的目的。

（二）“从做中学”理论的内涵

1. 学生是学习的主体

在杜威看来，学习对于学生而言，重要的是学生心中那种能够自由选择的感觉，在大胆的“试误”过程中对自身能力的体认和确信。他把学生放在教育过程的中心，认为学生有一种潜在发展的可能性，而教育是为学生提供优良的环境，使其充分地实现这种可能性。教师必须忘掉试图用来塑造学生的那些成见、偏见和理论。人的本性是在发展着，向环境中扩张着，并寻找那些能满足自身需要的东西。任何对这种发展的阻碍无论它出于怎样的好意，都会是歪曲个性的。这是杜威的“参与者知识观”的认识。学生必须作为一个学习的参与主体进行学习。

杜威认为，学生是学习的中心，他们是自由的人，而不是受外在摆布的“受”教育者，他们是自己学习的主人。从杜威的“教育即生长”中可以看到，学生的学习和成长是内发的，并借助自然环境。杜威认为生长是指机体与环境相互作用的过程和结果。他指出，人的生长包括两个方面：一是身体的方面，二是心理（或者说智力、道德）的方面。这两个方面是相辅相成的，没有身体的发展，心理的发展是不可能的；另外，仅有心理的发展而没有身体的发展也是不可能的。同时，学生的生长与发展既需要内在条件，即学生现有的生理和心理水平（兴趣、能力和后天形成的习惯）及其发展的可能性（可塑性），也需要外部条件，即学生生长的社会环境。显然，这就需要学生作为主体参与到学习之中，而不能单纯地依靠外力的作用。

2. 知行统一

在杜威的学习观中，“做与学”是不可分的，只有学生主动去做，去探究、去实验、去反思，才是杜威所说的真正意义上的学习。知识与行动是紧密结合在一起的，“求知即行动”。学习是学习者主动地做某件事，在身体上和心智上均是主动地进行学习；学习不是被动地接受和等待别人的灌输，而是不断地在“做”事中进行探究、实验和反思。杜威主张，学习所得知识不仅是行动的获得和结果，而且也涉及到探究和反思这些行动过程中的重要元素。知识是一种不断演进、积累和应用的实践，也是随时更新、动态适应的智慧。个体的行动不仅是基本属性还是必需的，因为已有的、外在的知识只有通过个体行动，才能被转化为个体知识，进而成为推动更深入行动和探究的工具。因此，杜威所提出的教学和学习原则是以实践为主导的，也称作“通过行动学习”或“通过经验学习”。他表达了这样一个观点：“教育的目的是将学校中所获得的知识与在共同生活的环境中进行的各种活动或任务结合起来。”[①] 学习或者获取知识是指人与不断变化的环境之间的相互作用。交互是一种广泛存在的自然特征。为了维持自身的存在，生命体需要在与环境的适应之外，主动地对环境进行改造。人与环境之间的相互作用还表明了人在环境中不断进行着“体验”。人通过“体验”“积累经验”，不断“学习”。

根据杜威的观点，生命存在的场所必然有着行动和活动。为了生存，人需要不断运动，并适应周围环境。另外，适应的调节不是完全被动的。有机体不仅是被环境塑造，而且会主动进行一些改变。生物都不是完全顺从环境的，即使是寄生物也只是在适应环境的范围内生存。要保持生存，就必须适应环境中的多个变化因素。随着生活水平的提高，保护环境的重要性也变得愈发迫切。[②] 同样地，人们往往通过实践来了解生活和自然环境。例如，除了课堂教育外，学校组织孩子们公园、山林等地进行远足，观察各种动植物的生活，了解它们的生态环境和生长习性，引导孩子们学习如何保护环境，如何爱护动植物。这经历既是知识，也是学习的来源。教育的本质是改变或者重组学生的经验，且学习是学生主动参与其中的一种经验。这里的“做”“行动”“动作”均是指人们与环境相互作用，提出假设、深思熟虑、解决问题并检验结果，从而获得新知识。这表明人类不再

① （美）约翰·杜威；王承绪译．民主主义与教育[M]. 北京：人民教育出版社，2001：222.
② （美）约翰·杜威；王承绪译．民主主义与教育[M]. 北京：人民教育出版社，2001：44.

是冷漠的旁观者，而是积极参与者。通过求知或学习，我们获得了实验式的智慧。智慧并非一项永久储存的财富，一旦获得就能维持不变。它经常处于发展的过程之中，如果想要保留它，必须时刻保持警惕，注意观察它的成果，并且要保持虚心学习与重新调整的勇气。[①]人们的认知方式已经从纯精神层面的被动感知（如谛听、静观）转变为更加实际的、自主的行动和思考（如智慧行动）。因此，学生的知识理解和学习过程并不只是教师传授知识而学生聆听的简单传递活动。学生实际上是通过自己亲身的“研究”“思考”“想象”理解知识。学生是通过“行动”，即通过探究知识的过程中形成个人化的理解。这里的“理解”并不仅限于简单地把书本上的知识按要求复述出来，而是真正参与其中并形成个人的理解。这种学习方式是一种探索性学习，它将理论和实践相结合，旨在提升行动能力和知识水平。换个说法，为了获得真正的知识，我们需要亲自去探索、实验、研究，通过自己的视角重新审视知识。这种方式所获得的知识会表现出情感和实践的特点，最终成为我们个人的知识。

二、陶行知“教学做合一”理论

（一）“教学做合一”理论的提出

陶行知先生是我国著名的现代教育家、思想家、学者，他曾前往美国留学，并在留学期间得到了最具影响力的教育学家约翰·杜威（John Dewey）、威廉·赫德·克伯屈（William Heard Kilpatrick）等大师的指导。他回到国内后，积极地将他在美国学到的先进教育理念与当时中国的国情相结合，投入到教育工作中。直到1926年，陶行知先生才发掘出生活教育理论。陶行知先生提出了三项重要的教育理论，分别是“教育源自生活”“学习离不开社会”“教与学相统一”。重要的是，“教育源自生活”。根据陶行知先生的观点，如果教育脱离了与生活的联系，就会变得毫无意义，因为没有以生活为核心的学校教育就相当于一种“死”的教育。他的生命教育学说对当时中国反对传统和旧体制的社会具有至关重要的价值和影响。“教学做合一”理论彻底地指出了旧社会教育中存在的缺陷并提供了一系列实质性的解决方案和措施。这种教学理念的改革和实践对当时社会发挥

① （美）约翰·杜威；姜文闵译．经验与教育[M]．北京：人民教育出版社，2005.

了积极的作用。他还特别强调，教学必须贴近真实的生活场景，这意味着教师需要善于运用新的教学手段，以学生为主体，采用适合他们的学习方法进行授课。以实践为重点是教与学的核心，只有通过实践，学生才能获得全面的知识与能力。

（二）“教学做合一”理论的内涵

陶行知先生通过不断的试错和实践，从“传授知识”到“引领学习”，再到“实践教学并且让学生参与其中”，最终发展为“将教学和实践有机地结合在一起”，对其含义进行了不断地扩充。“将教学与生活相融合”是生活教育理论的实践方式。

第一，“教与学合一”是指生活的方法首要表现为生活现象。在生活中，我们经常能够发现“教学相长”的情景。即人们通过在实践中学习，从中汲取经验和教训，再将所学传授给他人。这一现象无处不在，而且在实践中得到了证明。因此，生活中无处不包含教育，生活中的方方面面都是通过教育来学习的。“教与学合一”是一种教育法，它的核心理念是教学方法、学习方法和实践方法相互协调一致。教学方法应当根据学习方法进行调整，而学习方法又应当根据实践方法进行调整。这样才能实现真正的教学和学习成果的有效性。学以致用，教学相长。“教师在做的是指导，学生在做的是学习，二者都以‘做’为中心。”通过将教学与现实生活相结合，实现了生活、教育、学校和社会的有机融合。

第二，教学需要做好许多事情，而不是仅仅三件事。从“教学做合一”的角度看，教学并不是孤立存在的过程，而是与生活和行为密不可分的三位一体的过程。如何将教学和实践融为一体？这个中心的主要职责是执行。如果不努力付出时间和精力进行实践，就不能算是真正的学习和教育。当我们通过参与实际活动来增加自己的知识和技能时，我们同时也为他人提供了教育和引导的机会。“教与学合二为一”，通过实践活动中的“做”，将教学有机地融为一体。

第三，“教与学的融合”强调以“做”为核心。根据陶行知先生的观点，空想和盲目行动都不能算是真正的“做”，因为真正的“做”应该是既需要身体劳动又需要用心思的实践活动。劳力与劳心并不是同等重要，而是要靠用心灵指挥体力，根据事情的轻重缓急来处理，洞悉对象变化的规律。践行行动、探索发现新思维、实践研制建设、成果创造生产、改良破旧迎接新、努力奋斗为生活探路，是生活不断进步的过程。同时，运用新的理论指导实践，创造新的价值，在思想和行动层面不断推动进步。除此之外，人的生活和人生是始终与“做”紧密相连的，无论何时何地，人都必须去从事某些事情。每一天都应该充实地度过，一直到生命的最后一刻都要保持努力和奋斗的状态。

第四，“教学贴近实际”要培养具备生活应用能力的人。陶行知曾强调：“我们坚信教育应该培养生命活力，帮助学生获得向上成长的力量。”[①] 陶行知提倡的培养方法是将教学与实践相结合，即“教学做合一”。自然，不同的学府都会有它们独特的使命和目标。以乡村师范学校为例，陶行知主张实现“教学做合一”的总目标是为了培养乡村人民儿童尊敬的优秀教师。这些总目标包括五个方面，即强健的体魄、熟练的农艺技能、科学的思维能力、广泛的美学兴趣及参与改造社会的精神。从上述论述中可以得出结论，无论在哪种学校中，通过将教学和实践相结合，学生可以在实践中锻炼身体，增强抵抗疾病和克服困难的能力，培养征服自然、利用和改造自然的生存技能，并具备解决问题、承担责任和改善社会的生活能力。改造，是为了追求进步，是为了开拓新的道路，是生成“行动、思想、新价值”的过程。同时，通过采用新的理论指导实践，推动生活不断进步。另外，生活和人生始终与“行动”密切相关，每个活着的人都必须采取行动，并且不可避免地必须这样做。每天都需要尽力去完成任务，无论是长期的还是临时的。在人生的旅程中，坚持努力是必须的。

第五，要在教学中实现“文教合一”，培养具备生活智慧的个体。陶行知强调：我们坚信教育的责任是激发学生的活力和潜能，引导他们不断成长。实现培养的方式是将教学和实践相结合。当然，各所学校都有独特的目标和使命。以乡村师范学校为例，陶行知认为要通过“教学做合一”的方式，培养出受到乡村人民儿童尊敬的优秀教师。这个总目标可以分为五个小目标，分别是：强健的身体、熟练的农业技能、科学的思维能力、对艺术感兴趣的素质及具有改造社会精神。看来，无论是在哪所学校，通过实践教学而非纯理论的学习方式，学生能够在实践中锻炼身体，增强身体抵抗力和克服困难的能力，同时也能够培养征服自然、利用自然和改造自然的生存能力。这些经历还能够帮助学生解决问题、承担责任和改变社会。

---

① 陶行知．我们的信条[J]．新智慧，2021（24）：3.

（三）“教学做合一”理论的特点

1．师承性

陶行知受杜威先生的影响很大，他接受了“教育即生活”“学校即社会”“通过实践学习”等思想，这些都对陶行知的教育理论产生了重大影响。1917 年，陶行知在回国初期就积极倡导和实践杜威的教育理念，尤其推崇杜威的“五步思维法”作为教学方法。他提出，最好将杜威的思想分析应用到教学实践中。然而，在实践过程中，他发现这个方法并不行之有效。虽然杜威的教育理论不太适用于中国的情境，但它仍然成了“教学做合一”思想的重要理论基础之一。陶行知提出了“教学做合一”的理论，并表示此理论来源于他在实践中遇到的困难，是在“教育即生活”理论的基础上发展而来的。如果没有“教育即生活”这一理论的支持，就无法产生“教育即生活”的思想。[①]显而易见的是，杜威的“做中学”和“五步思维法”对于实践与教学的结合有着重要的推动作用，并为“生活即教育”的理念提供了重要的源头。

2．传承性

我国古代认为“教学与实践应当紧密结合”，这一思想是“知行合一”的精髓。陶行知深受明教育家王阳明提出的“知行合一”思想、春秋战国时墨家学派创始人墨子的“亲知”“闻知”“说知”理念及战国时期儒家代表孟子的“劳心者治人，劳力者治于人”的知行优先观的影响。陶行知是借鉴了王阳明和孟子的知行观，对其进行了批判，并继承了墨子的思想，成为他树立正确知行观的主要思想来源。除此之外，还有其他传统的行为准则，如春秋时期儒家代表孔子提倡的“行有余力，则以学文”和“必有事焉”。战国时期儒家代表荀子提出的关于“制天命而用之”即人定胜天的思想。清初教育家颜元解释了“格物”的内涵，并表示自己亲自动手去实践。这些都丰富了“教学中实践”的含义，体现了实践与教学的融合。“教学做合一”理论的形成是在对我国唯心主义知行观的批判和对我国唯物主义知行观传统的继承基础上产生的。同时，该理论在实践中也借鉴了我国古代教学传统中的一些优秀经验和做法。在“教学做合一”的过程中，应当体现“教学相长”的原则，这意味着教师在授课的同时也在不断地学习。墨子的教学思想强调将生产劳动与教学相结合，这样的理念在“教学做合一”中得到了体现。这

① 江峰．“教学做合一”——从做事到做人[J]．南京晓庄学院学报，2007（02）：25–32，106．

一理念也意味着注重让学生在实践中学习，从“做中学”中获得知识和技能。

3. 批判性

陶行知强烈反对传统教育只注重传授知识而忽视学生个体需求的问题，认为这种做法很有害。他提出教育应该注重培养学生的能力和素质，而不只是让学生背书。陶行知主张“教与学并重”，强调教学和学习的相互关系，注重将理论与实践结合起来。他认为，教师应该以学生为中心，采用符合学生学习方式的教学方法，使学生能够自主掌握知识，不仅获得理论知识，还要具备实践能力。这样，大家在共同行动中不断追求真知。同时，他将教育和生活、学校和社会紧密融合在一起。这是我国教育史上的一项创新举措，同时也是对那些忽视学生生活和兴趣，脱离实际的教学方法进行有力的批判和改革。另外，陶行知也对认为“洋八股”适合我国教育教学改革的做法提出了批评，认为这种做法没有考虑到我国具体国情。“教学做合一”是一种教育理念，旨在批判“老八股”和“洋八股”这种与学生生活无关的教学方式，并提出并发展更加贴近学生生活的教学方法。

4. 主体性

在当时中西文化交汇的时代背景中，陶行知受到西方进化论、民约论和资产阶级民主共和思想的广泛影响。他高度推崇每个人的个人价值和创造力，并强调每个人都应该承担起相应的责任。他的“教学做合一”理念非常重视实践，鼓励人们在实践中下功夫。他提出了“先生做上教，学生做上学”的观点，[①] 认为大家都可以在实践中互相学习和教导。他强调了学生应该受到尊重，[②] 同时表达了只有那些能够真正尊重学生的人才有资格成为他们的教师。

5. 实践性

陶行知主张在尊重学生的主体地位的前提下，应该因材施教。具体而言，需要了解学生生长历程中的能力需求，以此为基础考虑教授什么内容及如何教授。陶行知提出，应当尊重学生的主体地位，并在此基础上因材施教。他提出了一条道路，他认为行动就像老子，知识就像儿子，而创造就像孙子。[③] 他还指出，行动往往会遇到困难，困难会引发疑问，疑问又会激发出假设，假设需要通过试验

---

① 陶行知．中国教育改造 [M]. 北京：商务印书馆，2017：108.

② 陶行知．中国教育改造 [M]. 北京：商务印书馆，2017：73.

③ 陶行知．知行诗歌集 [M]. 北京：海豚出版社，2012：106.

来验证，试验的结果再通过语言进行总结，这又会引发新的行动，如此不断循环，构成了科学生活规律。这从一个侧面论证了“劳力”与“劳心”“知”与“行”“教”与“学”等方面的矛盾关系，并强调它们其实是对立统一的。他认为行动是至关重要的，即使只是些微小的事情也是必不可少的。他坚信只有亲身参与实际活动，将思想和生活、理论和实践相结合，才能真正收获成果。陶行知的真实行动涵盖了教育实践和社会实践两个方面。在陶行知看来，教学活动不仅包括实验、实习和作业等具体操作，也包括看书、讲解等非操作性的活动。例如，养成阅读和讲解的习惯可以为种植稻米提供帮助和支持，因为这些习惯可以增加知识和技能，提高种植的效率和产量。陶行知主张读书，但不赞成一切都依赖书本。他的基本信念是生活需要什么样的书、做什么事需要哪些书，因此他对书的态度是与生活和行为相关的。书籍是一种使用和实践的工具，也是生活中不可或缺的工具。根据陶行知的观点，使教育和学习发挥实际效果的关键是将它们与生活实践相融合。

6. 连环性

“教育与生活相融合”既是一种生活方式，也是一种教育方式。这种融合的关联是教育与生活的相互交流，实现了互动和相互促进。“教学做合一”的连续性也反映在三者的互相沟通和互相依存关系上。这三者形成了一个等边三角形，其连续性主要表现为“做为中心”“在做中教”和“在做中学”。通过沟通的实际行动，我们发现三个要素之间不存在绝对的分界线，而是像等边三角形一样，在接通电流后可以进行循环流动。最终将教学与实践相结合，将教育活动与社会生活紧密联系起来，促使教育与社会活动紧密相连，实现“生活即教育”和“社会即学校”的目标。

三、福斯特产学合作理论

福斯特的理念在当今产学合作中扮演着重要的代表角色，其对教育界的发展具有重要的战略意义。福斯特的观点是，现今许多职业教育计划的难点是受训者在基础理论和技能方面存在不足。福斯特的看法是实现产学合作需要从课程职业化的角度出发，以理论基础为出发点，最终建立起就业化的平台。在培养中低层次职业人才方面，应注重推行“产学融合”的教育模式。因此，在推行各种职业培训计划时，学校应该注意以下几点。

第一，关注地方工科院校的规模控制，确保合理发展；同时，在提高学生能力的同时，需结合实际的社会经济状况。

第二，需要对地方工科院校的课程内容进行改革，增设更多的工作实践和学习交替的“三明治”式课程。

第三，需要适当调整地方工科院校的学生构成，可以考虑将在职人员纳入地方工科院校的主要招生对象。福斯特理论提供了一个有益的参考框架，可供包括中国在内的许多发展中国家在其教育模式中运用。

菲利普·福斯特（Philip J. Foster）是目前备受尊崇的国际职业教育理论界知名学者之一，一直专注于研究职业教育理论多年。他在伦敦大学经济学院完成学业，曾任职于美国芝加哥大学教育学和社会学教授，并担任比较教育中心主任；澳大利亚麦夸里大学的教育学教授，同时还担任院长一职；美国纽约州立大学的教育学和社会学专家。福斯特的文章《发展规划中的职业教育的谬误》成了他的知名之作。此篇文章发表于1965年，其中包含了许多关于职业教育发展的重要思想。福斯特职业教育思想的许多观点被世界银行采纳，成为制定各国职业教育政策的指导文件中重要的组成部分。在20世纪60年代，西方世界处于“发展经济学”流行的时期。这个理论主张：政府可以在发展中国家的经济增长中担任重要角色。可以采用集中式、非市场取向的规划方式。受其影响，当时教育理论界出现了“人力资源说”的主张。它认为学校可以预留一定数量的训练有素的人才，以适应政府的经济发展计划和长期人力需求的预测，使其为经济发展作出贡献。这个学派认为，在教育发展策略方面，发展中国家应该集中投资于职业教育领域的学校，并将职业教育内容融入普通学校，以达到促进经济发展的目的。人力资源说得到了国际组织的支持，其中包括联合国教科文组织和世界银行，成为当时发展中国家在教育和经济发展方面的指导理念。这个学派思想的代表人物之一是英国经济学家托马斯·巴洛夫（Thomas Balogh）。

福斯特是致力于发展中国家教育理论研究多年的专家，他以研究成果为基础，写出了名为《发展规划中的职业学校谬误》的作品，系统阐述了他的职教思想和与主流派不同的多个观点，这些观点深刻探讨了教育发展的一些根本问题。这引发了一场历时超过二十年的职教界的理论大论战。最终，福斯特的学派经过少数派的演变，成为当今职业教育领域中最为主流且具有影响力的流派。福斯特的职业教育理念体现在他的名篇《发展规划中的职业学校谬误》中，以及他之后的文章中。他的主要思想和观点可以概括为以下几点。

（一）职业教育须以市场需求为出发点

福斯特认为，职业教育的最重要目标是提高受训者在劳动力市场的就业机会和发展前景。因此，职业技术教育的发展必须以劳动力市场的实际用工需求为核心驱动力。

（二）职教计划评估须有“技术浪费”指标

福斯特发现，很多发展中国家的职业教育毕业生所就业的岗位与他们所接受的专业培训不符，因此他提出了职业教育中的“技能浪费”问题。他的看法是，导致“技术浪费”的常见原因主要有以下三个方面：第一，出于促进经济发展的需要，国家提前培训了某类人才，但现有的经济并不足以充分利用和消化这些人才；第二种，这些人才符合市场需求，却被安排到与其所受训练无关的职位上，从而无法发挥所学；第三，市场对这类人才有需求，但是由于职业前景不够乐观，以及职业报酬普遍不高，因此职业教育毕业生经常会转向与培训无关的职业。这些发展中国家在技术利用和资源利用上的困难应得到充分重视，应将这一情形纳入职业教育计划评估并作为评估的一个重要指标。

（三）课程不能解决学生失业问题

他认为，发达国家和发展中国家都存在“技术浪费”现象，但由于发展中国家资源更加有限，所以需要更加重视并采取行动解决这种浪费问题。据以巴洛夫领导的主流派观点，学校课程的职业化有助于指导学生的职业倾向，从而避免学生产生不切实际的就业期望，并减少失业率。根据福斯特的观点，个人对经济交易领域的就业机会的看法更多地决定了学生的职业志愿，而学校课程本身对这一选择过程的影响较小。造成失业的因素并不只是学校教育体系的不足，更主要的原因是劳动市场缺乏对受训者的实际需求。

（四）职业教育发展不应依据“人力规划”

在 20 世纪 60 年代，人力规划变得十分流行，大量的人力预测结果成为各级各类教育及人才培养的基础，对于职业教育的影响尤其显著。福斯特对此持批判性的观点。首先，他对人力资源预测的准确性持怀疑态度，因为他觉得难以精确地估算经济交换部门的增长率。其次，他对人力规划的结果感到忧虑，因为一旦经济增长的速度无法足够吸收和利用人力规划所培育的人才，这不仅会导致人力和物力的浪费，还会进一步恶化社会的失业情况。需要强调的是，在计划经济模式下，大规模的人力资源计划已经被证明不可行。然而，与实际经济发展密切相关的小规模职业培训计划仍然是值得推崇的。福斯特所反对的是那种与市场脱节的大规模的人力资源计划，而他赞同的是与实际经济发展相结合的小规模职业培训计划。他强调，职业教育的发展必须从劳动力就业市场的实际需求出发。

（五）职业学校谬误论

巴洛夫及其他人认为，在发展中国家，应当倡导使用职业学校培养初、中级人才。福斯特指出，职业学校体制内部的“学校形态”职业教育方式存在多种限制和困难，其中包括高昂的办学成本和一些内在缺陷难以解决。现实要求超出了培训设备的范畴。在发展中国家，职业学校的学生并不想放弃升学的希望。他们希望通过职业教育的课程打好升学的基础，但与职业教育规划者的志愿不符。通常情况下，学校的课程设置与就业岗位的实际需求不相符，所学的技能与职场所需也不一致，且职业培训和实际工作场景也关联不紧密。寻找合适的教师资源较为困难。另外，职业院校的学制较长，通常需要三年左右的时间，因此无法快速地适应劳动力市场的需求变化。福斯特认为，由于以上原因，以学校为中心的职业教育注定会失败。因此，就结果而言，职业学校的价值十分有限。

（六）倡导“产学合作”的办学形式

根据福斯特观点，尽管职业院校在人才培养方面规模效益较好，但由于其固有缺陷无法避免，因此必须对其进行改革。产学合作是最为关键的举措。例如，改变课程形式，增加工作学习交替的“三明治”课程安排；尽可能地将实践课安排在企业中，以缩小正规学校职业教育和实际工作现场之间的差距。另外，对于招生来源，可以接受在职人员的报名。总之，现在的职业教育和培训越来越倾向于与产业界展开协作，而不再以学校为中心。

（七）职教与普教为互补关系而非替代

根据福斯特的观点，职业教育的成功是建立在普通教育的成功之上。随着社会生产力水平的增加，生产过程对人才的文化素养要求更高。学生如果有扎实的文化底蕴，就能更好地提高其在未来继续教育和职业转换方面的竞争力。因此，职业教育应该建立在扎实的普通教育基础之上。

福斯特在职业教育理论方面进行了长期研究，通过大量的调查研究，提出了其职业教育思想，这些思想基于坚实的理论和实践基础。当然，福斯特职业教育理论主要是基于非洲几个发展中国家职业教育的实践得出的，所以该理论有其局限性。另外，该观点与学校本位的职业教育相违背，显然不符合我国现实情况。但其“产学合作”的理念对于我国高等教育实现“产教融合”仍然有一定的指导和借鉴价值。

四、协同论理论

（一）协同与协同论

协同论，也被称作协同学或协和学。它探究的是在各种不同类型的系统中，各个子系统之间相互矛盾却又互相协作的情况，以此推动整个系统朝着新的有序状态发展的一种理论规律。这是一门新兴学科，它致力于研究不同事物的共性和协同机理，近十几年来得到了快速发展并广泛应用。它专注于研究各类系统从无序状态到有序状态转变时的相似点。德国科学家赫尔曼·哈肯曾经称协同论为“协同学”，这是因为它研究的是由多个子系统协同作用所产生的宏观结构和功能。

（二）协同管理与协同效应

协同论具有广泛的适用领域，在许多学科领域，如物理学、化学、生物学、天文学、经济学、社会学和管理科学等学科，都有重要的应用成果。在企业集团研究中，协同管理是一个关键概念。它利用协同学原理，根据所面临的复杂系统的结构和功能特征，对系统进行有效管理，以实现可持续发展的目标并促进管理协调，从而产生协同效应。它是将原本在复合系统内各自存在不同的文化、战略、组织机构和工作方式等方面，整合成一种协调一致的系统。

与协同管理相提并论的是协同效应。在企业集团研究中，协同效应是指合并、重组或兼并两个或多个子企业的总体效应（价值）大于原来各个子系统（企业）效益（价值）的算式和，用公式表示为 $S = V_A+B - (V+V_B)$。其中 S 代表协同效应，V_A+B、V_A、V_B 分别表示为组合后复合系统（即企业集团）的价值、组合前 A 企业的价值和组合前 B 企业的价值。

（三）协同管理的特征

对于企业集团而言，协同是一种资源配置方式，通过共享企业有形资产（如人力、资金、物流及管理等）和共享企业无形资产（如品牌、形象、商誉、商标权、专利权和特许经营权等）创造价值。协同管理的显著特点如下。

第一，目标导向性。在没有系统总体演进目标的情况下，子系统或部门之间的相互合作、相互支持和相互促进就变得无意义，因为协同管理的目的是实现系统的整体进步。如果系统失去了方向性和存在的必要性，那么协同管理也就失去了意义。

第二，还需考虑联合作用的因素。协同管理是在特定的外部环境条件下，协调和管理系统内部各个子系统或部门之间的相互联系。如果系统无法实现协作和协调，使不同的子系统或部门相互协调合作形成一个整体，那么就没有必要去安排它们相互协作和互相配合。

第三，与网络相关的特性。协同管理依赖于对系统内外环境和各子系统或部门的全面、详细地了解和划分，并建立多层次、多角度、全方位的主体网络体系，以便有效地组织协同工作。

第四，具有活动性。系统协同管理是充满活力和变化的，而非一成不变的。为了实现系统总体目标，不同的子系统或部门之间需要相互协调和联系，并根据系统发展情况及时进行调整和修订以确保目标的实现。这个过程被称作系统内部的调控。

（四）产教融合协同管理的目标与范畴

1. 协同管理的目标

产教融合是指通过高校与主要行业企业之间的合作契约，在平等自愿、互惠互利的基础上，共同组织而成。从协同论的角度看，这种合作关系是由各个子系统构成的复合系统，包括高校、行业企业等。虽然这个复合系统是非营利性组织，但它具有经济属性，因为它是由各个子系统的共同利益推动的。这个行业的不断发展动力来自“协同管理”，通过与学校、企业、政府部门等互相配合，产生了“协同效应”，也就是充分利用了合作平台，整合了区域内教育资源，降低了行业企业人力和技术资本交易的成本。

2．协同管理的范畴

学校与企业之间取得这种协同效应，该从哪些方面进行协同管理呢？笔者认为其至少应包括以下四个方面。

第一，利益协同。利益协同是高校与合作企业及政府相关部门协同管理需要首先处理好的问题。区域内高等院校之间存在着教育资源、生源、就业等多方面的竞争，其中企业作为非教育组织，在与高校合作过程中其主要动机包括获得人力资源补充、获取由社会声望提升带来的广告效应、获得政府相关税收优惠及获取优势高校的知识支持等；高校由于教学需要不得不占用企业生产资源，甚至影响企业正常生产。因此，在产教融合长效发展机制中，协同管理的首要问题是如何平衡企业、牵头学校和成员之间的利益，确保各个子系统和参与单位都能够获益最大化，实现“多赢”目标。若处理不当的话，这个问题会对参与单位的积极性和系统目标的实现产生不良影响。

第二，战略协同。利益的不同，甚至利益冲突的存在，势必影响到子系统或各个部门对复合系统存在价值认识上及发展战略设计上的矛盾与冲突。就产教融合而言，地方政府相关部门对其价值期待能引领区域内高校的协调发展，促进地方经济转型、产业升级，促进社会和谐发展，它在考虑高校与企业间合作发展战略时必然是站在区域全局的高度进行思考。由于涉及利益分配的问题，高校之间及与相关企业之间的合作关系价值期望会以自我利益为主导，因此必然存在相互之间的矛盾和冲突。为建立产教融合长效机制，需要考虑基于利益协同的战略合作，这是非常关键的前提条件。确立共同的战略目标是保障校企合作健康发展的方向。

第三，资源协同是指不同的资产、能力和人员之间互相协同合作，以实现共同的目标。通过协同管理复合系统，可以实现价值的创造。资源协同意味着将各个子系统或部门的资源整合起来，以实现最大化利用资源的目的。这是发挥协同效应的关键因素。区域内高校与企业的合作，提供了一个交易规范和平台，从而实现了教育资源的整合，人力资源的协同开发和技术服务的提供。这种合作有效地降低了资源浪费，节省了交易成本，同时也显著提高了教育质量。在高校与企业合作发展中，资源协同是协同管理的核心和主要内容，有效推动资源协同合作，持续提升资源利用效率，减少资源浪费，是判断高校产教融合成功的重要指标。

第四，文化融合。文化协同是指高校与相关企业在建立和发展合作关系的过程中，将不同甚至矛盾的文化特征进行互动、对接、整合，形成一种和谐、协调的文化体系。这是高校与企业协同管理的最高层次。通过协同管理，各行业企业与不同高校的教育文化，在主导学校的引领下、在政府的指导下，共同建立起校企合作的价值信仰、内部利益协调的准则和行为方式，以及统一且具有特色的管理与运营模式。这种合作机制对于高校与企业之间长期合作的健康和可持续发展起着潜移默化且持久的推动作用。

第三节　国外产教融合的实践

在发达的西方国家，校企合作和产教融合已经普及，针对不同的国情，这些实践已经形成固定的模式。这些实践在促进各国经济发展方面发挥着重要的作用。德国的“双元制”、美国的“CBE”及日本的产学融合模式等，对于我国推进校企合作和产教融合具有非常重要的启示意义。

一、德国“双元制”模式

阿克塞尔·格林格（Axel Göhringer）的著作《合作教育大学——卡尔斯鲁厄：德国高等教育的双重体制》详细阐述了德国的“双元制”，而彼查德·罗莎琳德（Pritchard Rosalind）的《德国双元制：教育的乌托邦则探讨了“双元制”的正反两面。他认为，双元制的优势是国家能够通过法律形式对教育进行保障，同时学校可以以企业为依托，培养更符合市场需求的人才。然而，受教育者、学院、企业、同行业其他部门、企业领导及其他相关企业往往有不同甚至相互冲突的教育观念和理念，这会导致各方的关系比较紧张。

“双元制”职业教育是一种教育制度，它结合高等职业学校和企业的优势，旨在提高学生的职业技能和实际解决问题的能力。该制度将学校和企业的条件相互结合，由学校、企业培训人员和教师共同培养学生，使学生具有双重身份。通过加强理论与实践的相互结合，培养具有专业知识、职业技能和解决实际问题能力的高度专业化技术人才。职业教育的“双元制”特征体现在以下要素上。

①涉及两个主要培训机构，即公司和职业教育机构。

②有两种不同的教学材料内容。企业主要着重于教授职场技能，以及与其相关的专业知识和实践经验。除了教授专业理论知识，职业学校还包含通识教育课程。

③有两本教材可供选择，即这包括实践教材和理论教材两部分。为了确保达到一致的培训标准和促进产教融合水平，培训机构采用了联邦职业教育研究所编写的全国统一教材。相比之下，职业学校所采用的理论教材都是由多家知名出版社邀请专业领域内的权威专家联合编写的，缺乏统一的全国或者全州的统编教材。

④两种执行方法。企业按照联邦职业教育机构的培训规定进行培训。职业学校的教学按照当地文教部门发布的教学计划进行组织。

⑤有两种不同类型的教师，即教授实践和教授理论的老师。企业实训的讲师是企业内部的员工；职业学校的理论教师包括国家公务员。

⑥有两种不同的身份，即在企业中接受培训的学徒和在职业学校学习的学生。

⑦有两种考试类型，即技能测验和认证考试。企业培训通常会组织技能考试，考试主要基于实训内容，以考核学员掌握的技能和专业知识为目标，一般由行业学会负责组织和实施。职业学校会进行资格考试，主要是为了考查学生专业理论知识，包括所学的各个科目，考试方式有笔试和口试，学校会组织安排。

⑧有两种类型的证书，即考试证书、培训证书及毕业证书。通常考试的证书与学习或培训的地点无关。只要完成了相应的职业培训并通过结业考试，便能获得由行业协会颁发、在国内外都具备认可度的证书，如技术工人证书、会计证书和商务办事员证书。学习机构和职业学校颁发的学历证书是与学习和培训地点相关的，且其中包括培训证书和毕业证书。

⑨有两种资金来源。企业必须承担全部培训费用，包括培训设施、器材等费用及学徒工在整个培训期间的津贴和实训教师的工资等。通常情况下，职业学校

的资金来源包括国家和州政府的拨款。州政府会承担教职工的薪资和福利等人事费用，而地方政府则会承担校舍和设备的建设、维护费用及管理人员的薪资支出。这样，职业学校就能够得到充分的支持和保障。

⑩在两个学习地点之中，各自被以两种不同类型的法律限制。《职业教育法》对于企业培训有限制性规定，且职业学校必须遵守《职业义务教育法》。

可以看出，德国职业教育的“双元制”在总体培养目标上融合为一个整体，但在具体教学过程中则呈现出明显的分而治之的双元特性。通过充分利用各方面的资源和优势，让学生在实习环境中积累宝贵的实践经验，同时在校内系统地学习专业知识，构建扎实的理论基础，锻炼灵活的思维能力和掌握科学的方法，以便更快地适应毕业后的职场。

一个重要的表现是职业教育的专业设置是否能够与产业结构和经济发展的变化相协调，以满足社会需求。为了实现这一目标，因此，职业教育的专业设置应体现下述三项基本原则。

①企业需求原则，即确保专业设置符合业界中所有企业的通用要求。

②相对稳定原则，即专业设置应该以长远的职业发展需求为考虑，保持较为稳定的方向。

③广泛适应原则，即专业设置应该具备广泛适应性，适用于多个职业领域，并且具有综合性。德国采用了科学的方法确定“双元制”培训职业，这种方法以职业分析为基础，确保专业设置的科学性和相对稳定性，同时也考虑了专业设置的综合性。职业分析是一种科学的过程，它的目的是确定、定义和描述社会职业所包含的任务和工作项目。同时，职业分析还采用行为科学的方法，收集从业人员现场行为和行为方式的素材，以便更好地了解这个职业的特点。一般而言，进行职业分析后，我们会将一个或多个社会职业归属到一个职业群中，而每个职业群都与一个专业相对应，这在德国被称作“培训职业”。通过这种方式，我们可以对任何一种职业的主要活动内容有更清晰的认识，能够明确区分支撑这种职业的知识和技能，同时也能够确定与之相邻的社会职业间的技能和知识联系点，为社会职业分类及职业群确定打下基础。另外，这种方法也为职业教育的专业设置提供了依据。随着科技的不断进步，产业结构也在不断变化。由此，社会职业开始呈现出综合化的趋势，部分传统职业正在逐渐失去地位，而新兴的、具有交叉

性质的职业正在快速涌现。考虑到这个现实，职业教育的专业设置必须与社会经济的发展变化相一致，并不断适应变化。因此，德国政府定期重新定义培训职业以保持其现代化性。自 1950 年德国“双元制”职业教育开始，已经减少了从 776 个到 370 个的培训职业。

另一个重要表现是职业教育是否与社会经济发展对人才素质的要求相符，以满足社会需求。现代社会变化迅速、强度大，对人才提出了独特的新挑战。随着技术进步的发展，简单的职业逐渐演变为综合性的职业，因此，人才需要具备跨领域的能力。随着信息数量的剧增和知识技能的快速更新，现代社会需要的人才应具备自主学习和不断挖掘自身潜力的能力。人才需要具备持续适应就业市场变化的能力，适应竞争机制的要求。现代社会对职业教育提出了以职业能力为重点的培养目标。为了提高技术工人适应现代企业的要求，采用“双元制”模式不只关注基本的从业技能，而且特别注重培养综合职业能力，尤其是关键能力的训练。关键能力是指那些与职业技能和知识并不直接相关，超越了专业领域范畴的能力。它代表着方法、社会和专业能力的进一步提升。其重点是人才在职业变更或劳动组织改变时，保持已有能力不衰退，能够适应新的工作过程和组织结构，并且具备在新环境中重新获取职业技能和知识的能力。因此，它将具体专业能力转化为一种更高层次的抽象能力，确保人才能够与时俱进，不被迅猛的变化淘汰。尽管关键能力所包含的能力多种多样，但最为核心的莫过于能够自主规划、自主执行、自主管理及自我评估。课程是实现培养目标的手段。若想实现把职业能力放在首位的培养目标，就需要以职业活动为核心规划课程模式。这样有助于学生发展职业知识、技能及实际职业能力。“职业活动为核心”的设计思想在“双元制”课程模式中得到充分体现。

课程设计以职业活动为中心，选择相关内容，同时确定以职业活动为核心的阶梯式课程结构，称作“双元制”理论课程。这个课程框架是综合性的，以职业活动为中心，并且建立在广泛的专业培训基础上。从另一方面看，它以职业活动为核心，包含三门课程，分别是专业理论、专业制图和专业计算。课程涵盖了专业所需的全部理论知识，具备广泛且适度深度的知识面，注重知识的综合性，有助于培养学生综合分析和解决问题的能力。所有的课程从上到下分为三个不同层次，包括基础培训、分业培训及专长培训，层次逐渐递增，看起来像一个阶梯形。

在所有层次的培训中，三门专业课都是以职业实践活动为中心，从广泛到深入、由易到难地进行。通过实践课程设计，更加突显了以职业活动为核心的“双元制”特点。实践是职业技能、职业能力的训练和学习的典型模式，需要经过一系列明确的步骤和过程。因此，“双元制”实践课程的设计和选择更加重视拥有直接职业经验的因素。通过以职业活动为中心的培训过程，可以成功地培养学生的职业技能和能力。要实现以职业能力为本位的培养目标，必须让学生成为教学活动的主导者。因此，自 20 世纪 70 年代起，德国职业教育界开始研究以职业学校学生为核心的教学组织和方法。

“双元制”职教模式注重以学生为中心的理念，不仅在理论知识的授课方面，还在实践教学中得到了体现。传统的教学方式已经不再流行，取而代之的是启发式、讨论法和小组学习法等更为创新的教学方法。以传授理论知识为例。在实训教学中，教师已经逐渐从传统的四阶段培训法转变为更加灵活的教学方法，包括项目法、引导性课文法、项目应用法及学习岛等。这种转变使得教师能够更好地引导学生学习，并且更好地应对不同的学习需求和情境。即教学活动的组织方式已从以教师为中心转向以学生为主导。这样的教学以学生为中心，打破了传统的教师与学生的角色关系且角色互换，教师不再只是单纯地传授、讲解知识，而是扮演了指导者和咨询者的角色。学生不再是被动的接受者，而是主动的获取者，他们的主动性积极性得到了充分的发挥。学生可以依据他们已有和新获得的知识、技能和经验设计多种不同的实施计划，以支持某个特定的“项目”。制定和实施这些计划可以训练学生的专业技能，同时也能提高他们的独立工作能力、创造力、与他人协作的能力及综合能力等。现代职业教育中，学生被放在教学活动的核心位置，强调培养学生的职业能力，这是现代职业教育能力本位观自然的表现。

德国的“双元制”备受全球赞誉，主要因为它成功地实现了教育和产业的深度融合，同时也得益于严格、公正、标准化的考试评估机制，确保了高质量的培训。为了保障职业教育考试的客观性和独立性，与培训机构无直接关系的行业协会承担了“双元制”职业教育考试的责任。该行业协会设置了一个考试管理协会，由雇主联合会、工会和职业学校教师三个方面的代表组成。至少一名职业学校教师必须参与，并且雇主和工会代表人数需保持一致。只有拥有相关职业专业知识的人才能担任三方代表。此管理协会的主要职责包括制定或协助制定试卷、监督考试并进行评分。考试由行业协会组织实施，因此按照《职业培训条例》的考试要求进行是可行的。这有利于客观评价职业教育的培训质量，而不是只根据某个培训机构（如企业或职业学校）所教授的具体内容。在“双元制”职业教育考试中，重点强调的是标准化和规范化，同时相同科目的考试会在同一时间进行，无论是同一职业还是不同职业的考试都会按照同一标准进行评分。因为“双元制”职业教育考试的公正与客观，所以这种考试的结业证书被全德国及欧洲共同体中的一些国家认可。

二、美国“CBE”模式

综合高中和社区学院是美国主要的职业教育机构，且社区学院是其特色之一。美国的职业教育比较普及，因此主要由公共高等职业学校（如学校或学院）担当，而雇主对职业教育只是少量参与，可能和美国的职业流动性高有关。美国职业教育培训的人才具有“宽专多能型”的特质，这与其社会文化背景相契合。该学校的主要培养模式为能力导向教育（Competency Based Education，缩写为CBE），这种教育模式以学习者的能力为核心，注重培养学生实际应用技能。该教育模式源于“第二次世界大战”以后，已被广泛采用于北美国家（如美国和加拿大等地）的职业培训中，如今已成为一种颇为先进的职业教育模式。CBE 教育模式的培养和职业能力的提升，促进学生与企业的深度合作，以换取更多实践经验和职业机会，从而实现毕业生的就业与职业发展。

珍妮·梅斯特（Jeanne. C. Meister）是一名美国教育学者，她的研究成果《教育工作场所：对于合作大学模式的研究》详细探讨了合作大学的模式。美国的合作大学教育主要采用大学为主的模式，由大学负责招生等相关工作，大学和合作企业合作商讨相关的教育教学计划，各自承担不同的责任。在《美国职业教育的历史与发展》一书中，对美国职业教育发展过程进行了全面深入的阐述。美国国家教育统计中心收集了关于 1969 年至 2000 年间美国职业教育的相关数据，这些数据被用来科学地分析美国现代职业教育的发展历程。《基于网络工具使用的本科课程的发展》探讨了如何利用互联网工具实施和应用本科新课程。而《日本研究型大学研究生、本科生教育的规划策略》则介绍了北海道大学采用的一种多学科融合的人才培养模式。一种跨学科的教育模式提供了共同的核心课程，其中学生可以从自己专业的角度对其进行探究与重组。对于研究生来说，有更多灵活的学习方式。在《职业教育集团校企合作共同体下现代学徒制的探索与发展》一文中，探讨了利用学徒制优势在校企合作的产教融合模式下培养人才，并进行了相关探索和发展。在这里介绍了现代学徒制的不同机制和方法。政府、企业、机关和学校之间联合起来，通过灵活多样的培养方法，构建了现代学徒制培养渠道，建立了第三方人才培养产教融合的水平评价体系。另外，还强调了成人教育、企业订单班、自主招生、中等和高等职业教育之间的衔接，采用长期和短期相结合的现代学徒制教育和其他实际可行的方法，以达到预期的效果。

美国高等职业教育使用的典型模式被称作能力本位职业教育（Competence Based Vocational Education，缩写为 CBVE），其重点是 CBE 理论。CBE 理论主要关注个人能力的发展和提升，注重通过培养和训练来实现这一目标，并构建了相关的教育教学思想体系。从 CBE 为中心的能力导向职业教育是一种旨在满足企业需求、注重实际能力培养的职业教育体系。该方法从全面分析职业角色活动入手，以提供所需能力为基本原则，强调学员在学习过程中扮演主导角色。核心是为了使学员掌握从事特定职业所必需的实际技能。

（一）CBE 模式产生的背景

①在美国，第二次世界大战时期推崇以实际能力为基础的教育。美国当时急切地需要大量军备，许多制造商从民用转向军用生产，而缺乏军工生产技能的工人和技术人员需要进行紧急再培训。由于时间紧迫且技能要求较高，于是 CBE 教育模式也随之应运而生。

②经济的繁荣离不开发展。在 20 世纪七八十年代，由于产业界对各类岗位的熟练专业技能需求不断增加，教育部门开始更多地倾听他们的建议，以满足从业人员的培训和再培训需求。然而，这导致了许多矛盾和问题的出现，进而催生了 CBE 模式的发展。

③ CBE 模式的理论基础可以概括为以下三个方面：第一，系统论和行为科学，该研究认为人类的行为受到许多因素的影响，包括人的需求、动机、信仰、态度和期望等。第二，美国教育学家布鲁姆认为要想进行有效的教学，必须先确立清晰、明确的目标。第三，根据教育目标的分类，只要在提供合适的学习资料、

进行交互式教学并且在一定时间内给予适当的支持，大约有 90% 的学生能够掌握所规定的目标。

（二）CBE 模式的特点

①在 CBE 模式下，职业能力被视为教学的基础、培养目标和评价准则。将基于职业分析所确定的综合能力作为学科学习内容。根据职业能力评估表中列举的技能，按照从简单到复杂的顺序进行教学安排。

② CBE 模式的教学基础是基于学习者的能力，即根据职业能力分析表中列出的专项能力的难易程度安排学习计划。

③按照学生拥有的职业经验和能力评估他们的申请资格。

④ CBE 模式下，强调学生自主学习和自我评估的重要性。在教学过程中，教师的角色是管理者和指导者，课程的组织以学生为中心。教师负责提供学习资源，聚焦各项职业能力的分析，编制模块化的“学习包”和“学习指南”，同时还设立学习信息室，为学生集中提供学习资源。作为学生，应当对自己的学习负责，按照学习指南的要求，结合自己的实际情况，制订合理的学习计划。在完成学习任务后，先进行自我评价，若认为已经符合要求，则再由教师进行考核。

⑤ CBE 模式强调教学方式的多样性和科学化管理，允许学生参与不同时长的课程，并随时招收不同程度的学生，使学生能够自主选择学习方式和时间。学生的学习方式和毕业时间不尽相同，包括全日制、半日制、个人、小组、听课和自学等。因此，教育教学可以实现小规模、多元化、高效率的整合。学生的学术水平和学习方式因个体差异而不同，因此需要一个系统化的管理制度，以确保设备的最大限度发挥和教学的顺利进行。

（三）CBE 模式的实施

下面是 CBE 模式的实施程序。

①首先进行职业分析。

②进行某项职业或工作所必须具备的能力需要综合考虑多种因素，通常包括十二个方面的综合能力。每一个综合能力则由若干个专业能力组成，而每个专业能力则需要具备相关的知识、态度、经验和反馈等方面的能力。

③制定入场标准。

④进行知识任务分析，明确需要掌握的专业能力所涉及的知识领域。

⑤设定课程目标。

⑥制订学习计划。

⑦成就评估包括第一，诊断式评估，旨在评估学习者的知识水平和能力水平；第二，建立一套绩效评估体系，向学习者提供有效的反馈信息；第三，进行终结性评估以检验是否已经掌握了相关能力；第四，确保学习资料、培训方式、授课教师和学员的适宜性。

⑧笔试测验可以评估学习者对以技能为基础的相关重要概念的掌握程度。

⑨开发教学资源，包含各种专业技能模块指导材料，帮助学生掌握各项技能。

⑩通过学生的反馈、测试和教学中遇到的问题，进行试验性改进学习指导材料，以解决和纠正教学中的问题和难题。

⑪设计一种学习管理系统，允许学生根据个人需求自主制定和调整学习计划，以适应不同的学习顺序和进度安排，完成学习任务。

⑫根据教学需求，制订并执行课程计划，对内容进行反复调整和修改，并针对学生成果进行能力评估。

（四）CBE 模式与传统职业教育比较

CBE 相对于传统的基于学科专业课程的职业教育，更加重视系统科学的方法，将教学过程视为系统，并强调投入和产出的完整流程，以及及时的反馈和调整。美国高等职业教育的模式是以学生为主体，采用 CBE 模式注重个别化学习，使学生处于中心地位，重视学习本身而非教学。在教育教学过程中应当重视学生个体差异，为学生提供充足的学习资源、设施和时间，同时鼓励学生能够按照自身的基础和接受能力自主安排学习进度，并选择适合自己的学习方法。每个人的学习内容、学习时限、学习计划、时间分配、进度和深度都不尽相同，所以需要根据实际情况灵活应对。

美国的高等职业教育模式是以职业能力为核心，具体体现在 CBE 模式的教学培养上，该模式注重使学生具备从事某一特定职业所需的全部能力，其教学目标、流程、策略和测评标准的制订都与职业能力息息相关。该模式不仅注重培养综合职业能力，而且特别关注关键技能的训练，以及与他人协作的能力培养。在美国的高等职业教育模式中，重点放在培养实践技能方面。CBE 模式的教学活动一般都在实训课堂中进行，这些课堂类似于实习车间的外观，但它们的设备和设施都符合现代的要求。它的教学原则是围绕专业技能服务和“够用”而展开的，根据不同岗位的要求和能力需求决定理论知识的程度。与传统教学相比，需要削减和精简的是过时的理论知识和课程内容，以此为基础增加实践技能培养的时间。CBE 模式所注重的整合教育教学资源，是由其所设定的培养目标所决定的。CBE 课程注重培养学生职业岗位的整体能力，为此需要提供配套的实验室、实习场所和现代化教学手段等教学条件。各专业学校需设立实验室和实习厂（场），使学生可以进行实践操作和初步训练，从而提高其实际工作能力。CBE 与社会相关的业务部门建立了长期稳定的协作关系，为学生提供了实际工作的机会，帮助他们进一步培养职业技能，提高职业素养。

美国高等职业教育注重培养教师队伍，要求任职的教师必须符合严格的资格标准，并具备教育家、专业技术人员和熟练工人的素质和能力。他们不仅需要承担教学任务，还需具备管理学校、组织课程开发、处理与外部培训企业和与学生的关系等多方面能力。

在 CBE 的教学中，教师需要扮演指导、评估、建议和判断的角色，需要制定教学计划，从课堂的理论讲解转变为更加注重亲身示范、指导学生和培养他们的能力。教师经常参与科研探究，拥有实验示范基地，并持续走访实际生产现场，指导实践操作，以不断提升动手能力。

三、日本产学融合模式

当前，各国普遍重视发展职业教育，视其为提升国家竞争力和实现社会稳定的关键战略。中国应该积极吸收并借鉴全球先进技术和经验，以更开放的态度融入国际职业教育改革发展中。本书分析和探讨了日本在促进产业发展方面所采取的职业教育经验和措施。自从东京的“工学寮”成立以来，日本开始了现代职业教育的探索。100 多年以来，日本的职业教育不断进步和发展，以其独特的特色为标志，并在推动国家经济高速发展和繁荣方面发挥了重要作用。通过立法，日本职业教育系统得以规范化，确立了一套可靠的制度和规章制度来管理职业教育。日本颁布的第一部职业教育法令是《实业学校令》，发布于1899年。从1916年到1947年，《工厂法施行令》生效，要求对雇佣人员进行教育培训。1947年发布了《教育基本法》，该法规定了劳动标准和职业训练目的等方面的规定。同时，同年还发布了《职业安定法》。在第二次世界大战结束后，1951年《产业教育振兴法》正式公布，这是一项相对完整的职业教育立法。1958年实施的《职业训练法》旨在为各行各业培养具备专业技能的从业人员，促进经济的发展，进而实现就业稳定和人才地位的提升。日本的职业教育为产业结构调整提供了人才和智力支持，有效地促进了经济的发展。在第二次世界大战结束后，日本的经济受到了严重的打击。具体而言，1946年，日本的第一、第二、第三产业在整体经济中的比重分别为38.8%、26.3%、34.9%。这种情况一直持续到1955年，当时的比重分别为38.8%、28.7%、32.5%。

尽管三次产业结构在此期间没有明显调整，但随着经济总量快速扩大和生产规模的增加，产业领域对技术人才的需求急剧上升。自1956年开始，日本的产业结构逐步调整，一级产业的比重不断降低，在1989年只有2.9%。经过快速增长，第二产业在1989年的比重已占到39.2%。随着时间的推移，第三产业在经济中所占比重逐渐增加，在1983年达到高达60.8%的水平。随着经济的发展变化，职业教育需要做出新的调整。具体地说，在20世纪50年代中期到70年代中期，职业高中在校学生构成中，第一产业学生的数量基本保持不变，但第二、第三产业学生的数量却持续上升。在此段时间内，日本职业教育成功地适应了产业变革的要求，以满足其经济高速扩张对大量人才的需求。在20世纪初期，日本的职业教育主要以学校教育为主，有徒弟学校、实业学校、实业实习学校、专修学校和实业专科学校等形式。这些职业学校数量达到了500多所，学生总数达到了75 000人。这些学校为日本工业的发展提供了各种技术人才。由于20世纪70年代全球经历了石油危机，日本的重化工业受到了严重冲击。因此，在80年代，日本重新调整了产业结构，并采用了技术立国的经济发展战略。这一战略逐渐将产业结构从重型工业和汽车制造业转向金融、电子通信、生物工程、医疗保健和新能源等领域。随之产生的变化是各种职业教育学校也开设了相应的专业课程。在日本，综合学科被分拆成为若干细分的小学科，如商业学科细分为经理科、事务科、信息处理科、秘书科、营业科、贸易科等。这一趋势发生在1966年至

1978 年，学科数量从 218 种增加到了 251 种。仅工业学科的数量就达到了 117 种。从 1985 年到 1991 年，新增职教专业数量从 67 个上升到 247 个；与此同时，废止的旧专业数量也从 1980 年的 88 个上升到 1991 年的 230 个。在日本，职业学校通常由私人学校主导，规模不超过 800 人。这些学校注重学生的实践技能和行业针对性，并秉承严格的治学理念。这种办学模式与当地产业的需求高度契合，为产业界培养了各类专业人才。在日本，职业教育的主体形式多种多样。除了职业学校，企业也非常注重根据自身需求开展职业教育。

根据《职业能力开发促进法》的要求，企业必须积极地支持和扶持员工自发和有计划的能力开发，承担起相应的责任和义务。企业为员工制定职业发展方案，积极支持员工参与各类职业教育培训，以提升员工在生产技能和管理水平上的能力。日本职业教育的典型特征在于产学合作，这种方式帮助日本培养了大量具备高超实践能力的人才，在促进经济恢复和振兴方面扮演了关键的角色。《大学等技术转化促进法》是日本针对高等职业学校研究成果向企业转化的一个详细规定，旨在促进日本产业结构的调整，使研究成果能够快速有效地应用于企业实践。

为了获取必要的技术人才和科研服务，日本企业积极地与学校合作。同时，专门学校也为了提高就业率和保证教学质量而加强与企业的联系。这种合作使得企业与高校实现互惠互利，最终形成了一种良性循环。产业界与学校之间实现了良好的人才培养合作。学校可以聘请企业员工进行讲授或实验指导，同时学校教师也可以在企业兼职相应职位，为企业发展提供智力支援。同时，日本还为促进学术繁荣设立了学术振兴资金和科研费补助金，同时也为产学合作项目提供了一定程度的资金支持。学校可以接受企业的委托或与其合作进行相关项目的研究，并迅速、便捷地将研究成果转化为实际生产力。通过实施职业教育与普通教育平衡发展的体系建设，日本本质上提高了职业教育的地位。另外，日本也是最早倡导终身学习理念的国家之一。他们关注在个人完成学业后，进入职场后的教育和培训，这可以通过企业组织的职业教育、社会组织的职业教育、通信教育及自发组织学习会或研究会等方式不断更新知识和技能。企业通常提供各种级别的职业培训，包括初级和提升培训，以确保员工在应用新技术和适应企业发展方面具备不断提高的素质。

根据 1995 年第 19 届东京都产业教育审议会发布的咨询报告《有关于职业教

育的终身学习社会期望》:“我们应构建终身学习社会，将工作之后的学习视为人不可或缺的一部分”。这些法律法规和权威报告的出台，有效地促进了终身职业教育理念的推广。另外，日本还建立了职业资格认证体系，来推动职业教育在社会中的地位，并促进终身职业教育的发展。

第四节　国内产教融合的发展

一、产教融合取得的成就

（一）卓越工程师教育培养计划

在 2010 年 6 月，天津大学举办了“卓越工程师教育培养计划”（以下简称“卓计划”）启动会。该计划为期十年，旨在改革人才培养模式，侧重工科本科生及研究生，培养能够具备出色的创新能力，并能够适应社会和行业产业发展需要的高素质工程人才。“卓计划”起源于国家发布的创新型发展战略，其主要目标是促进工程教育与工业界的联系，以培养一流人才作为支撑，为国家实现创新发展提供坚实的后备力量，同时为中国特色工业化的发展提供有力支持。“卓计划”的一项重要工作是建立行业监管和校企合作的卓越工程师培养计划，以改进校企合作的育人机制，包括确定培养目标、规划课程结构和教学内容、合作培养人才及联合评估培养质量。另外，“卓计划”还建议针对参与产教融合的企业制订相应的优惠鼓励措施。

该计划自十余年前开始实施，共实施了三批，第一批共 61 所高校入选，第二批共 133 所高校入选，第三批共遴选了 433 个本科专业、126 个研究生专业加入，大多数院校都是第一批、第二批中已入选的院校，还有 11 所是新入选，共合计 205 所大学入选了卓越工程师计划，涵盖了我国工程教育内最好的高校。①

（二）产教融合发展工程

2016 年开始实施的产教融合发展工程旨在提升职业教育的服务能力，以更现

① 高等教育数字局 .205 所大学入选“卓越工程师教育培养计划”[EB/OL].（2023—02—11）[2023—02—20].https://www.163.com/dy/article/HTAIDQPQ0553A0E1.html.

代化的职业教育体系为学生和国家的经济社会发展作出更大的贡献。这项工程由中央及地方政府共同组织开展。产教融合发展工程旨在促进中等职业学校（技工学校）、高等职业学校和应用型本科高校的进一步发展。这些大学的主要任务是开展职业教育，他们致力于培养能够应用技术的人才。“卓计划”和产教融合发展工程一样重要，它们促进人才分类培养，使人才结构更加合理。这种方法不仅能够满足各行各业的人才需求，也符合新工科建设的逻辑。

应用型本科高校成为产教融合发展工程中的重要推动力量。这些学校通常是由多个专科学院联合组成，正在向普通高等教育转型过渡，实现职业教育向高等教育的发展。要使应用型本科高校成功地进行转型，打造出具有独特办学特色的品牌，必须充分融合产业和教育资源。为了促进本地经济发展，应用型本科高校需要得到地方政府的支持。因此，应用型本科高校已经与地方政府签署了合作框架协议，以培养应用型人才为重点，服务于本地经济的进一步发展。这也说明，应用型本科高校要想成功转型，必须坚持推动产学合作，只有这样才能在办学模式同质化的激烈竞争中形成自己的独特特色。

（三）产学合作协同育人项目

为贯彻落实《国务院办公厅关于深化高等学校创新创业教育改革的实施意见》和《国务院办公厅关于深化产教融合的若干意见》精神，深化产教融合、校企合作，教育部高等教育司组织有关企业支持高校共同开展产学合作协同育人项目。

“产学合作协同育人项目是深化产教融合、增强人才自主培养能力的重要载体，经过八年发展，累计支持1100多所本科院校与1100多家企业合作立项7.6万项，企业提供直接经费支持超过27亿元，实现了由‘量的增加’到‘质的飞跃’。”在2021年12月8日举办的“2021年教育部产学合作协同育人项目对接会”上，教育部高等教育司副司长范海林这样说道。[①]

范海林总结了产学合作育人的三个发展阶段和特征。一是产学“协作”阶段，特点是学校和行业企业互相借力；二是产学“合作”阶段，校企双方在人才培养上目标已经清晰且统一；三是产教“融合”阶段，企业深度参与人才培养全过程，

① 中国青年报．教育部推动产学合作，已有1100余本科院校与企业对接7.6万个项目[EB/OL].(2021-12-09)[2023-02-20].https://baijiahao.baidu.com/s?id=1718639537613992595&wfr=spider&for=pc.

企业办学成为普遍现象。现代产业学院建设正是“融合”阶段的探索，鼓励企业将工厂办到学校里，鼓励学校将课堂开在工厂中。

范海林指出，未来要将产学合作第二阶段走深走实，大胆探索产教融合第三阶段。以产学合作协同育人项目为切入口，推进三个融合：将教育教学内容与生产实际相融合，将校内校外教学资源相融合；推动新工科、新农科、新医科、新文科交叉融合。

二、产教融合面临的挑战

（一）产教融合面临的挑战分析

1. 国家发展面临的挑战

许正中教授指出：①随着千年巨变的到来，职业教育被赋予了引领新时代的重要角色。随着技术的不断更新，新的产业得以发展壮大成为主导力量。职业转型的速度超乎想象，社会要求每个人都保持创意，以应对这种变化。职业教育需要在理论上进行创新，以应对挑战。②为适应世界竞争格局的变化，我们需要着重提升结构性竞争力，其中包括产业结构、利益结构、区域结构、制度结构和伦理结构竞争力。当中，职业结构和利益结构竞争力是职业教育应该集中发力的方向。

2. 产业发展面临的挑战

据某些学者的观点，推动产业和教育的融合需要聚焦于产业主导的理念，职业教育应当摆脱过去“世界工厂”的束缚，积极转型升级，顺应当前的中国制造、中国创造的趋势，为此，校企合作是必不可少的。

3. 职业教育体系面临的挑战

人才的成长和培养是一个系统性的过程，包含入职前的培训和就业后的持续提升。这个过程类似于名师的培养过程，大学教育只是为入职起到了基础性作用，而成为一名名师则需要在工作岗位上不断拓展和提升自己的能力。合格的人才应该是通过职业教育培养出来的，要想真正培养高技能人才，则需要在就业前和就业后进行校企合作。目前，我们将大量的精力和财力投入在制度建设上，而忽略了体系建设，因此仍然存在着不完善的制度和体系。

（二）应对挑战——深化体制机制改革

根据1996年《职业教育法》第二十三条，职业教育应该贯彻产教结合的理念，这有效地确立了产教结合在法律上的地位。在2010年，《教育规划纲要》中提出了一项倡议，即制定法规促进校企合作办学，并推进校企合作机制的规范化。2014年，国务院发布《加快发展现代职业教育的决定》，提出要探讨制定旨在推动学校和企业合作办学的相关法规和激励政策。党的十九大提出了深化产教融合和校企合作的任务。2017年末，国务院办公厅发布了一份文件《关于加强产教融合的若干意见》，明确了深化产教融合的目标、要求和评估标准。2021年2月，教育部等六个部门发布了《职业学校和企业合作管理办法》，对合作方式、激励措施和监管机制等方面作出了具体规定。这两份文件形成了一个政策“一二的组合拳”，以促进职业教育的提质增效和深化产教融合、校企合作。

面对新的挑战，如何进一步推进产教融合的体制机制改革？有学者提出，需要采取以下措施：一是解决难题，加强企业合作，克服产教融合面临的困难。二是突破产教融合的瓶颈，实现制度的创新和变革。通过改革人力资源供给侧，为我国的发展提供人才支持。我们还要支持各行各业及社会组织，促进产业和教育的紧密合作。加强行业组织的权威性，创建以行业为导向的专业教育的独立评估机制。行业协会的职责范围应该扩展至行业调查、制订规划、建立职业资格标准，以及进行技能考核等方面，帮助促进行业内组织开展人才需求预测和提供教育教学方面的指导。我们需要创新机制，并确保产学融合各方的权益受到保护。同时，建立长期合作机制也是非常必要的。

同样地，还有学者认为：在职业教育中，需要注重“整合”的工作。首先，职业教育的宗旨是以服务为中心。在这个过程中，我们需要找到服务于国家战略、经济社会发展和人的发展的相互结合点，两者必须相辅相成。另一种说法：寻找企业和学校之间的协调点，达成互利共赢和共同承担责任的目标。其他说法：需要找到两个布局的交集点。一个方面涉及经济和社会发展的规划，而另一个方面则牵涉到教育的规划。

习近平总书记在党的二十大报告中提出，实施科教兴国战略，强化现代化建设人才支撑，突出强调“统筹职业教育、高等教育、继续教育协同创新，推进职普融通、产教融合、科教融汇，优化职业教育类型定位”，为深化现代职业教育体系建设、增强职业教育适应性指明了重要方向。近日，国家发展改革委等 8 部门联合印发《职业教育产教融合赋能提升行动实施方案（2023—2025 年）》，围绕“赋能”和“提升”，着力实现教育与产业统筹融合、良性互动，对构建产教良性互动、校企优势互补的产教深度融合发展格局，推动职业教育高质量发展有着重要意义。

三、产教融合的发展必要性

（一）提高人才培养水平的需要

进行技能和职业素质培养需要满足以下四个基本要素：

第一，需要具备经验丰富的教师或导师。

第二，需要具备一定的职业背景和经验。

第三，提供了职位作为实现工作的平台。

第四，积累经验。

要成长不断进步，学生必须依靠老师的亲身指导，在实际工作中接受长时间的挑战和反复磨炼，以此积累经验。由于时代的变迁，传统的高校教育培养方式已经不再符合实际需求，因此必须采用创新的培养模式，让高校和产业实现深度融合，通过“五个对接”来培养出高水平的技能型人才。

在 20 世纪 90 年代初期，大学生产教融合刚刚开始，经过多年的发展，已经取得了一些成果。但是对推动大学生的产学结合培养关注度不够高，也无法在校企合作中为学生提供一个完整的产学结合培养实践平台。另外，高校还没有建立完备的产学结合培训和实践支持和服务系统。然而，当前职业院校的大学生产教融合培养仍然以校内实施为主，缺少参与社会实践的主要教育实践活动。同时，缺乏政府、行业、企业和高校等多方协调推进的机制。尽管政府已经出台了一些政策以促进高校中大学生产教融合培养，但是针对社会、行业和企业的创业优惠政策很难真正落实，同时也缺少法律保护措施和创业资金支持。

（二）行业企业发展的需求

一些高校对于将大学生产教融合培养纳入发展战略，存在误解和偏差。他们没有意识到高校大学生产教融合培养对于适应经济社会与国家未来的发展起着重要作用。据调查显示，大多数高校的大学生产教融合培养主要侧重于提高毕业生的就业率，将其视为促进学生就业的手段。行业企业发展的上限取决于员工素质和产教融合水平，而下限是由固定资产等因素决定。行业应该努力培养高素质、高技能的学生，使他们能够毕业后直接就业并迅速适应工作岗位，从而实现零就业距离。我国高等教育目前正在积极推进产教融合，建立了多种校企合作育人模式，包括订单式培养、工学交替、校中厂、厂中校及政、校、企之间的紧密联系。另外，高等教育也秉承着“合作办学、合作育人、合作就业、合作发展”的理念，致力于加强校企合作，促进人才培养的协同发展。通过这种方式，雇主还能够避免招募新员工并支付他们的培训成本，从而降低了企业的运营费用。联合国教科文组织称高校的产教融合培养为教育的“第三护照”，意味着它和学术教育、职业教育同等重要。要将大学生产教融合教育这一教育体系贯穿和融入现有的高校教育体系，以实现有机结合。然而，高校的大学生产教融合教育目前缺乏产教融合和工学结合的平台的支持，并未完全融入高校的人才培养体系。作为建设产教融合职教体系的重要组成部分，大学生产教融合教育在专业教学计划的制定中缺乏将创业意识培养和创业素质提升作为主要内容融入其中。因此，在理论和实践教学的课程体系及各个环节上，大学生产教融合教育机制还需要更加深入和有机地融合产教协同、校企合作，全程协同培养高水平人才。

（三）人口红利向人才红利转变的需要

我国在改革开放以来的几十年里，在社会经济建设方面取得了巨大成就，这在某种程度上是由于人口红利的贡献。随着我国实际劳动力人口拐点的到来，既有的发展模式已经难以为继，因此必须转向更为智慧的模式，不再单纯依赖人工劳动。它旨在构建新型三方关系，即政府、学校和社会之间的密切联系，以建立新的格局，其中政府负责宏观管理、学校自主运营、社会广泛参与。支持社会、行业、企业投入资金、知识、技术、管理等资源参与高等教育，从而建立一个多元主体、多样形式、充满活力的高校教育体制，并且这个体制具有政府、行业、企业和高校等多方协调合作的优势，能够推进校企全过程培养人才。

因此，在未来一段时间内，加快转型、调整结构、推动升级将成为新的常态。推动创新驱动，培养人才，将是未来社会经济发展的助力。产教融合不仅是教育制度的一部分，还是经济和产业制度的重要组成部分。

（四）学生提升自我价值的需要

因为高校的教育是职业导向的，所以学生能够清楚地了解所学专业对应的职位、掌握在三年大学学习中所需要的技能，以及明确具体的学习目标。将产业和教育有机结合起来进行培养，可以激发学生的学习热情，促进知识和技能的全面提高，让学生更有成就感。明确学习目标有助于激励学生学习，因为能够有效地提供动力，让学生更加自信，认为自己的学习是有意义的，从而提升自我价值。

四、发展方向——数字化、网络化、智能化

未来职业教育的重点将放在产学融合校企合作上，这种合作将会朝着数字化、网络化和智能化的方向发展。

（一）企业角度理解

在数字化、网络化、智能化发展的背景下，企业需要重点关注人才需求方面。在全球范围内，物联网作为集传感器、通信和计算机等专业领域于一身的前沿交叉技术，发展迅速。物联网的广泛应用领域包括智能家居、智能农业、智能物业、智慧交通、智慧旅游等许多领域，因此产生了许多新兴的职业教育项目。与物联网和人工智能相关的职业教育方向，是目前和未来备受瞩目和关注的热门领域。

人类社会的文明正在以加速的速度不断变革。在过去，建立一个具有国际知名度的品牌需要大量的投资和漫长的时间，但是现在，如滴滴、Uber这样的企业只用了不到两年的时间就成功地实现了这一目标。在数字化广阔的领域中，将职业教育和企业培训更好地融合，是为未来职业教育的发展提供指引。

同时，数字化行业所需的人才也需要跨出中国，走向国际舞台，这需要企业和学校联手合作。例如，通过深圳职业技术学院与华为总部的共建共生共享项目，实现了华为企业专家认证证书与高职院校课程体系的互补共赢，同时也将推动华为证书的国际化进程。

（二）教育角度理解

教育方面考虑，在信息化方面着手改进，将教育管理转变为教育治理。聚焦于升级职业教育的现代性，旨在推进职业教育的高质量、有特色发展。也可以表

达为，随着校企合作进入新时代，沟通交流的拓展也变得更为重要。网络学习空间为产业教育融合和校企合作提供了一个创新的平台。

第五节　我国产教融合存在的问题

一、产教融合校企合作理念未落到实处

产教融合人才培养模式能够培养应用型人才，实现高校和企业互利共赢理念，多方利益共赢。目前产教融合理念被很多企业和高校所接受，但是由于理念深入度不足，目前产教融合培养方面仍然存在很多问题。

（一）企业的趋利本质

一方面，产教融合人才培养模式是一个长期过程，不能够让企业在短时间之内就看到成效。所以，对于有的企业而言，他们觉得产教融合应用型人才培养周期长，收益小，产教融合互利共赢基础薄弱。这就导致了产教融合人才培养理念深入不足，学校和企业之间的配合不默契。其实，要想改变这个观念，就要让企业看到产教融合人才培养利益本质，产教融合人才培养方案中“产与教”是平等关系，企业和高校都处于主体地位。但是，企业的目标是追求利润，他们追求在法律范围内，实现经济发展最大化、经济利益最大化。企业这样的趋利本质，让产教融合人才培养理念不能够深入到企业当中，这种需要一定周期才能显现出来的回报和企业追求短时间利润是矛盾的。当然，企业追求投入少、周期短、回报率高也是无可厚非，而产教融合人才培养计划的周期长和效果慢的特征也是无法改变的，两者之间矛盾如何解决才能更好地进行产教融合是值得思考的问题。

另一方面，在我国市场经济环境当中，企业除了寻求自身发展，还需要承担一定的社会责任。企业为了降低用人成本，选择向社会招聘，不愿意付出更多资源和成本花费在产教融合人才培养上面。这也是企业趋利本质的体现。但是，从企业长远发展来看，这种做法是不明智的，对企业长久发展下去是不利的。因此，企业要改变产教融合人才培养理念的偏见，从企业长久发展考虑，转变对于产教

融合的态度，主动参与到产教融合人才培养当中来，同时也承担起自身的社会责任。

（二）学校理念存在偏差

一方面，高校面对合作企业选择时，愿意与国有企业、大型企业合作，对小型企业或者私人企业不予重视。这样的融合理念是非常片面的，是不利于产教融合人才培养的。同时，这个问题也反映出很多高校“眼高手低”，让高校在产教融合理念上面存在偏差。如果有些学校不尽快转变这种错误观念，那么就没办法实现企业和学校的双赢。这也是产教结合人才培养理念深入度不够的一个体现。如果高校一味寻求与大企业合作，忽视小企业，那么最终会让企业陷入绝境，甚至危及学校以后发展。

另一方面，有些高校在进行产教融合时，错误地将产教融合理解为解决学生的实习问题或者是就业问题，没有认识到在产教融合的过程当中企业起到的重要作用。甚至考虑自身利益比较多，没有充分考虑到产教融合人才培养要企业和学校共同努力。

二、产教融合政策执行不到位

从执行角度分析来看，在多方执行者的合力下，产教融合政策执行在多方面取得了一定的成效，对高等教育与产业的发展都起到了一定的推动作用。但从整体来说，高等教育政策执行水平还有待提高，产教融合政策执行过程中还存在诸多问题。

（一）政策执行的表面化

产教融合政策执行的表面化是指政策颁布后仅对产教融合政策部分内容宣传一通，在实践执行环节中，并没有根据高等教育的特点与发展规律制定并采取到位、可操作性的措施，从而导致政策预设的目标难以在实践中充分体现出来。以高等教育产教融合政策的演变为出发点，1991 年《国务院关于大力发展职业技术教育的决定》（国发〔1991〕55 号）文件首次出现“产教结合”的提法。1996 年颁布的《职业教育法》中规定：“职业学校、职业培训机构实施职业教育应当实行产教结合。”2004 年《教育部等七部门关于进一步加强职业教育工作的若干意见》

（教职成〔2014〕12号）指出：“推动产教结合，加强校企合作，积极开展‘订单式’培养。”2017年国务院办公厅印发的《关于深化产教融合的若干意见》（国办发〔2017〕95号）提出：“深化产教融合，促进教育链、人才链与产业链、创新链有机衔接。”从以上政策的出台可以看出，产教融合已经成为构建我国现代高等教育体系的主线和生命力。在国家的号召与带动下，各地方政府、企业与学校积极推动产教融合机制的建立与运行，出现了“工学结合”“订单培养”“产学研合作”“职教集团”等多种形式的产教融合形式。从整体上而言，产教融合取得了一定的成效。但校企合作作为产教融合方式之一，在企业参与的模式中，仍旧是以“校企联合培养”模式为主，“企业实体合作”模式应用较少，表明目前企业参与深化产教融合的深度不够，校企合作层次较低。

在产教融合校企合作形式层面，产教融合校企合作的内容比较广泛，主要包括课程教学改革建设，师资建设、实习教学、实训基地建设、技术条件提供及技术难题的联合解决和咨询等方面。

从学校为主体角度分析，学校在以上合作内容方面尽管存在不同的表现形式，但从调查中反馈的信息可以发现，在专业与课程建设方面，以学校主导与校企共同决策为主要开展形式，企业主导的表现形式占比较低。

在师资建设方面，主要以企业人员到校兼课为主，但以企业专家到校“阶段性全脱产”教学的形式比较少，同样相比于学校专任教师实行长期性驻厂培训，目前大多数学校主要是以建立专任教师定期下企业制度开展双师型教师建设；在实习教学方面，校内外实习实训基地的建设以校企共建为主；在研究开发方面，校企共同研发或学校为企业提供技术管理服务的较少。因此，从中可以得知学校作为校企合作的主体之一与企业开展合作的深度有待加深。

受多方面因素影响，目前校企合作作为产教融合政策执行的主要形式之一，还没有得到很好实施。通过以往的实践总结来看，产教融合作为培养适合满足不同用人单位需要的应用型人才的培养模式，企业很乐意参与其中，尽管2017年《国务院办公厅关于深化产教融合的若干意见》（国办发〔2017〕95号）文件中提出要强化企业的重要主体作用，但在“引企入教”的各项改革中缺乏具体政策规划方案和制度保障，受政策操作性不强和内容不完善等要素影响，导致企业不知道如何可持续性地参与产教融合，导致政策的执行流于表面化，政策执行的效力没有被充分发挥出来。

（二）政策执行的附加

产教融合政策的附加是指在执行政策过程中，执行主体基于利益的获取，附加了一些原有政策目标没有的内容，并将此纳入政策执行方案中，使原政策执行融入了一些并不合适的附加条件与成分。[①] 这种政策的附加性行为忽视了原有政策的真实性，严重损害了政策的权威性，也违背了高等教育的发展规律，直接影响了高等教育的整体形象和质量。培养复合型人才已经成为高校人才培养的追求，因此为鼓励在校生积极考取多类型的职业技能等级证书已经成为众多高校为夯实学生的专业基础发展的重要举措。毕业生专业资格证书的获取率已经成为高校衡量人才培养质量的重要评价指标之一。学生在校期间考取与所学专业相对应的职业资格证书，既是学生学习成果与职业技能水平的体现，又是企业对技术技能型人才选拔重要要求之一，“持证上岗”就是对人才质量要求的重要体现。

（三）政策执行的偏离

产教融合政策执行偏离是指政策执行主体正面贯彻落实国家政策的号召，但在实际的执行过程中，片面采取不合理的措施，违背政策原来的精神与内容，自行其是，其结果导致政策执行严重“变味”“走样”。主要有以下两种执行表现形式。

第一种，政策执行无意偏离是指产教融合政策执行主体受政策环境或政策内容不清晰及政策执行主体执行素质能力限制等因素影响，导致政策无法被常态执行，使政策执行过程与结果偏离政策目标。政策执行主体作为产教融合政策的贯彻者和执行者，是连接政策与政策目标群体的桥梁。可以说，产教融合政策执行主体对政策认同态度，政策管理水平及执行综合素质直接影响高职教育政策有效执行，是保障政策目标得以实现的关键因素。各中高校从事教育教学工作的人员作为产教融合政策执行主体，部分职校教师在课堂教学中对学生自主学习能力培养存在误解，误把培养学生的自主学习能力等同于把课堂完全交给学生，由学生

① 贾洪岩，刘惠娟．工匠精神培养与高职校园文化建设融合育人机制研究[J]．改革与开放，2018（10）：141-142.

充当教师的身份，完成课堂的教学，导致影响课堂教学效果。同时，由于部分教师对高校人才培养目标的理解存在偏差，对应用型技术技能型人才培养缺乏足够重视，导致在教学过程中出现重视理论教学而忽略实践教学的现象。

另外，与普通教育的办学定位有所不同，应用型人才培养的定位侧重培养以就业为导向，面向与社会产业服务相匹配的高素质技术技能型人才，在办学定位的主导下，高校应该完善“双师型”教师标准，打造高水平双师型教师队伍，引导与激发教师立足课堂，潜心教书育人。然而，由于部分政策执行者对所在高校的办学定位理解不够清晰，盲目制定并出台鼓励教师参与科研工作的政策方案，在政策方案利益驱动的环境氛围影响下，导致教师把众多的时间与精力都投入政策方案的执行中，而怠慢了实际专业教学工作。因此，作为产教融合政策执行者之一的高校还没有充分意识到自身的质量主体地位，导致出现政策执行无意偏离的现象，降低政策执行效度，最终难以保证院校人才培养的内部质量，违背政策预设培养高素质创新和技术技能型人才的目标。

第二种，政策执行的有意偏离是指政策执行者出于对自身利益的驱动，擅自对政策内容进行重新解读，试图违背政策的目标与精神而片面采取不合理的措施，导致政策执行效果与高等教育的目标不相符合。从校学生实习基本情况的调查结果中也得知，绝大多数学生反映顶岗实习岗位符合专业培养目标要求，且与所学的专业对口或相近，有接近 51.7% 实习的在实习单位的实习时间一般为 3 至 6 个月，但也有 30.5% 的学生反映实习时间较短仅为 3 个月以内的时间。在工作量与工作强度的调查中，有接近 32.6% 的实习生反映工作量大，经常需要加班或夜班。[①] 以上现象表明，企业人员对学生参与实习缺乏本质性的正确认识，再加之现在的用工制度并没有明确要求企业必须参与人才培养的行为，高强度的工作状态与短时期的实习时间把实习生的“顶岗实习”偏离演变成“顶岗劳动力”，“顶岗实习”变质、变味，学生在实习单位匆匆走过场，不利于学生的沉淀成长。

（四）政策执行的缺损

首先，产教融合政策执行缺损是指执行政策时不是完全按照政策的指示和要求办事，而是仅执行政策中的部分内容或某些内容，其余则予以搁置或摒弃。“双

① 胡应坤，吴国俊．校企合作新模式的改革与实施[J]. 现代职业教育，2019（32）：284-285.

师型”教师作为高校教师队伍的重要组成部分，在打造“双师型”教师队伍建设过程中，各高校根据学校发展需要，制定了相关政策方案。据顺德某一中职学校教师反映，尽管学校对“双师型”教师招聘有政策方案的扶持，但在实际的招聘过程中，并没有完全按照政策中对社会能工巧匠型人才指示和要求开展招聘，对于社会能工巧匠型人才招聘，依然参照高学历的标向开展招聘，由于社会能工巧匠型人才尽管具备娴熟高超的专业技术能力但碍于学历层次未达标，最后导致变为倾向于招聘硕士与博士等高学历层次的人才，职业学校双师型教师也难以达到一定的储量。只盲目侧重追求高学历攀比而忽略了对双师型教师的认识与培养，政策执行缺损违背了执行政策原则性的要求，结果使得双师型教师队伍建设方案演变为提高高校教师学历水平的政策。

其次，尽管各高校存在着政府、学校及社会等多方办学主体，但对于绝大多数公立高校而言，现阶段高等教育的办学责任最主要的还是政府，地方政府对高校的办学投入占据了主导地位。国家相继出台有关政策号召要求地方政府要加大对高等教育办学的投入力度，各高校办学经费主要来源于公共财政性教育经费与事业支出。其中，公共财政性教育经费占了所有办学经费的 70% 以上。可见，为确保高等教育的正常运行与发展，地方政府作为促进教育政策内容实施与完成教育政策目标转化的关键桥梁，是在产教融合政策的执行中承担着加快政策目标实现的助推器。从制约企业参与执行产教融合政策积极性的影响因素调查结果得知，与其他因素相比较，政府缺乏对企业积极的鼓励和优惠政策占据了最大的比重，约为 31.11%。企业在参与产教融合，培养人才的过程中需要付出很高的人力与物力成本，由于政府缺乏针对企业接收实习生的激励政策，外加培养的学生愿意留在企业工作的概率较低，在面临高成本的负担与收益甚小的结果情况下，导致企业参与政策执行的积极性下降。而 2016 年教育部等五部门发布的《职业学校学生实习管理规定》（教职成〔2016〕3 号）中要求：“地方各级人民政府相关部门应高度重视职业学校学生实习工作，切实承担责任，结合本地实际制定具体措施鼓励企（事）业等单位接收职业学校学生实习。”可见，政府在产教融合政策的执行过程中出现了对上述政策内容要求有关职责的缺位，不积极参与政策内容的执行的情况，从而一定程度上影响产教融合政策执行以促进高质量人才培养预设目标的实现。

最后，尽管相关政策表明职业学校对学生学习年限有自主管理权限，如《广东省职业教育条例》中指出：“实行学分制的职业学校，应当允许学生分阶段完成学业，在保证完成教学总学时和修满总学分并符合规定标准的前提下适当缩短或者延长修业年限。”但在实际的学生管理工作中，学院出于统一管理的便利性，要求学生不得在规定的学习年限内提前完成学业。因此，机械执行与高等教育发展规律不相符合的政策行为，最终势必影响学校人才培养质量。

产教融合政策的执行是一个在政府、高校、行业企业、行业协会与社会机构及相关团体的合力作用下，在多种要素相互关联耦合情况下，实现产教融合政策目标的动态性行动过程。而其中任何一项要素出现问题都会影响产教融合政策的效度，从而最终影响人才培养的目标。

三、校企协作效率不高

社会主义市场经济的发展给企业带来新的发展机遇，企业对于人才需求种类不断变化，产教融合的范围更广，深度不断加深。但是在这个过程中产教融合校企之间的协作效率有待提高。

（一）高校改革发展动力不足

根据国家颁布的相关法律，很多政策都是推进职业学校产教融合，如《关于深化产教融合的若干意见》等，这些政策都鼓励学校培养专业能力强、素质能力高的人才。虽然国家出台了相关政策，但是学校在实际发展当中，仍然出现改革发展动力不足的问题，其中最主要的问题是学校发展滞后的问题。在产教融合过程当中，有些学校落实办学或者是合作办学不到位，相关课程和学校相关制度跟不上政策发展、校企之间的配合不默契等，都是高校改革发展动力不足的表现。

还有的学校打着联合办学的旗号，为了保证学校生源，承诺学生毕业后可以优先选择合作企业实习就业。这样虽然在一定程度上保证了学校生源，提高了就业率。但是，这样下去，学校必须与强有力大型企业合作才能吸引学生报名。除此之外，学校也可以通过科研经费投入等进行人才培养，同时也解决了学生生源问题。无论是这两种情况的哪一种，学校的压力都不足以变为动力，这也导致有些学校改革发展动力不足，存在惰性。

（二）企业参与不积极

从目前产教融合人才培养现状来看，企业参与产教融合积极性不高，对于企业和学校双赢没有意识。大多数企业认为企业在产业融合人才培养当中只负责实习或者就业，而教育和培养应该是学校负责。这样就造成企业和学校之间相互配合存在局限。企业从自身角度出发，想要利用低成本来达到高利润，对于产教融合人才培养不愿意承担隐形开支，对于学校学生实习也不够用心。发生这样的情况，会导致以后学生实习或者入职之后，能力得不到提升，对于日后学生入职产生不利影响，从长远来看，直接影响企业用人成本，最后受到损失的仍然是企业。所以，企业在产教融合人才培养中，应该增强双赢意识，主动参与到人才培养当中。

在企业和学校联合办学过程当中，双方的权利和义务关系界限不明确，没有标准。企业在履行义务的时候也表现出漫不经心或者应付的态度，企业参与产教融合人才培养主要集中在学生实习和录用等环节，真正参与到理论学习的很少。这种情况容易造成学生技能方面出现偏差，学生掌握理论知识，对于实际操作很生疏。企业不参与教学；直接由学校代替企业来进行测验，学校遵循传统教学模式，这样就失去产教融合人才培养的意义，达不到产教融合效果。

四、产业与课程教学体系脱节

企业人才需求和学校人才培养目标是一致的。但是，从目前产教融合人才培养来看，学校教育和企业人才需求契合度低，甚至有脱节的情况发生。出现这种情况最主要的原因是产教融合人才培养的教学和产业脱节，两者契合度低。这个问题主要表现在两个方面。

（一）企业产教融合参与深度不够

目前，产教融合遵循这样的流程：学校培养 + 企业实习。企业和学校在产教融合方面融合度不够，融合深度也需要加强。其中融合度不够主要表现在两个方面：一个是合作形式融合度不够，另一个是培养目标融合度不够。融合度不够的问题导致目前产教融合在培养人才方面除了综合素质，通用能力、技术能力等也不高。这进一步表明，企业人才需求和学校人才培养目标出现脱节。最终导致学生在入职企业后无法胜任企业工作。

（二）学校应用型人才培养目标落实不足

个别高校积极响应国家号召，根据高等教育发展状况，及时调整产教融合人才培养目标，这样的做法值得称赞。但是，在实际实施过程当中，很多政策和目标就变了味儿，没有严格按照制定的目标进行培养，很多培养目标没有真正落到实处，有些高校却是提倡新口号，使用老口号，造成产教融合人才培养落不到实处，出现人才培养和企业需求脱节的情况。有些学校重视知识讲授，却忽视实践；而有些学校重视实践，却忽视理论知识。这两种极端情况，都是不可取的，与培养应用型人才目标相违背。

五、教师队伍职业技能较弱

教师深入企业了解产业的较少，企业工程师和学校教师的沟通也较少。这个问题造成很多壁垒，教师授课和企业实践无法结合起来，这对产教融合人才培养是劣势，容易让产教融合人才培养陷入困境，具体问题如下。

（一）校企合作教学深入度不足

高等教育和企业需要决定企业必须参与到产教融合人才培养当中来，学校和企业两者都具有主体地位。但是，现实情况是学校在人才培养上掌握主动权，因为教师的理论知识丰富，向学生授课的时间长。而企业处于被动地位，只有学校邀请，企业才会派出管理者或者工程师等开设讲座，或者开设选修课。只有学校要求，企业才会被动参与到课程教学当中来。一般情况下，企业不会主动参与人才培养。同时，企业也很少邀请学校教师去企业参观或者交流，因为企业以营利为目的，对于这些参观和交流不予重视。当然，也有的职业学校派教师去企业交流，让教师参与到企业实践当中去，但是由于时间短或者一些其他因素，让教师很难从企业当中获得直接经验，效果也不好。

（二）教师评价激励机制不完善

在产教融合教学成果评价层面上，一些高校对于教师的考评机制没有与产教融合相匹配，使得一些教师对于产教融合工作缺乏积极性。对于高校的专职教师来讲，其对多年已成型的教学工作模式已经完全适应，并且已经获取到了足够的社会地位与成就感，而大多数的高校绩效考评与传统的课时数量、科研论文情况、参赛获奖情况有关，对于学生的实践应用能力的测评缺乏有效的量化考评，这就致使部分教师无法真正地主动将精力投入到产教融合工作中，更不愿意深入到企业去实践学习。

在教师激励层面上，许多高校对于教师产教融合人才培养成果的激励机制不足，导致教师主动参与企业锻炼的积极性不高。一方面，对于专职教师来说，其大多精力主要投入到了学校日常教学之中，教学等工作任务并不轻松，而进入到企业挂职学习培训不仅会占用其私人时间与精力，同时在其职称评定和薪资待遇上并没有明显地提升，反而可能会降低其工作效率，缺乏薪酬及晋升的激励，教师也就无法真正主动地提升自身应用技能。

六、产教融合人才培养的保障不足

在产教融合人才培养保障力度方面仍然存在很多问题，如保障支持力度不够、相关培养政策不完善等。虽然存在这些问题，但是不能成为产教融合转型的障碍，应该从体制方面突破这些问题。

（一）政策保障力度滞后

中小企业对产教融合持观望态度，有些中小企业不愿意参与到产教融合当中来。一方面是由于中小企业和高校产教融合得不好，另一方面也是由于没有相关政策的鼓励和支持。对于中小企业而言，他们的综合实力没有大企业强，企业规模也没有大企业大，资金链、抗风险能力等和大企业相比都有局限性。而产教融合人才培养是属于人才储备的一个长线投资，不能够立刻见到收益，而且这种人才投资风险大，收益无法判断。这种情况让很多中小企业望而却步，中小企业没有多余精力和资金参与到产教融合人才培养当中来。

国家法律法规没有对中小企业参与产教融合政策支持，仅出台指导意见推动产教融合人才培养工作。很多中小企业面对这样的市场环境，不敢参与到产教融合中。

目前我国发展较为成熟的产教融合人才培养模式还在不断摸索、完善、发展中，在不断完善和发展的过程当中，许多成功典型还不能作为案例进行推广，还需要继续跟进，这就造成没有典型案例作为参考，很多模式不能马上推广。所以，对于中小企业而言，没有太多的案例和产教融合人才培养模式可供参考，这也导致中小企业在产教融合中的参与度不高。

（二）资金机制支持力度不足

高等教育资金来源多样，包括企业、行业组织及公益团体等。这些组织通过给予高等教育院校资金或者是购买设备等方式支持高校。但是，对于学生培养经费方面扶持较少，仍然是国家和政府给予一定的经济投入。各个组织支持高校的力度还应当加强，对于人才培养经费应该加大投入力度。当前，针对产教融合项目的经费申请都非常复杂，程序很多，审批流程慢，需要反复提交的资料很多，没办法满足产教融合需要。最终会让企业和高校合作陷入僵局，让培养应用型人才陷入困境当中。

第五章　产教融合下的大学生就业创业教育管理

本章为产教融合下的大学生就业创业教育管理，包含四个部分：产教融合下的大学生就业创业教育课程体系、产教融合下的大学生就业创业教育实践体系、产教融合下的大学生就业创业教育师资体系、产教融合下的大学生就业创业教育评价体系。

第一节　产教融合下的大学生就业创业教育课程体系

一、产教融合对大学生就业创业教育课程体系的要求

（一）校企合作，更新课程

产教融合意味着企业未来将成为高校办学过程中不可或缺的主体之一，将和学校联手，打造多元化的办学机制，在携手共赢的状态下教书育人。这是高校教育史上的一次重大突破，可以说是里程碑式的一次改革，这也要求在大学生就业创业教育过程中，必须考虑到企业需要，并且在帮助大学生明确人生目标的同时，增强学生就业创业的意识和信心。除此以外，在相应的课程指导、考核体系中增加和企业相关的教学内容、实践机制、考核评价标准等，促使大学生就业创业课程教学效果能够再上新台阶，使校企携手合作、共同引导起到至关重要的作用。

（二）渗透产业创新技术元素

想要真正地在产教融合的背景下推动高校培养学生就业创业能力再上新台阶，创新能力至关重要。无论是对于企业而言，还是对于社会而言，创新都是增

强个体竞争力的重要支撑力，而创新能力的主体又是人才。因此，这也要求高校未来的教育方向应集中在培养综合创新型人才上，以促进企业、产业和社会结构的内部升级。高校借助就业创业教育，将产业创新技术元素融合其中，推动学生提升创新意识和创业能力，继而能够深化创新行为，由此来提升人才培养的质量，从而进一步推动创新技术元素在产教融合领域的渗透。

（三）重视产业发展需求

在产教融合背景下，高等教育的办学理念也有了进一步的优化和调整：必须贯彻落实产教融合机制，推动产业和专业之间的和谐共生，着力培养复合型技术技能人才，推动大学生就业及创业能力的提升。除此以外，高校的办学还要服务于区域经济产业需求，这也要求高校推出的就业创业教育课程应当与地方经济发展、企业、行业需求相吻合，考虑企业或者产业的人才需要，以其为核心帮助学生做好未来职业生涯的规划，确定就业及创业的基本方向，通过创新意识的培养带动就业及推动创业活动，真正地将人才优势转化为科技优势、产业优势和实力优势。

二、大学生就业创业教育课程体系建设原则

大学生就业创业教育课程需要坚持的教育原则贯穿教育的始终，以其为核心展开了一系列的思想教育、实践教育、理论教育。具体又分为以下几个原则。

（一）系统性与交叉性相结合原则

大学生就业创业教育课程需要坚持的系统性原则要求系统化、全方位地对课程的设置予以考量，涵盖了以下两部分：第一部分，对就业创业教育课程必须进行系统化的设置，有一个统一的教育目标，将人文科学科目和自然科学科目二者有机结合。这是因为就业创业教育需要各学科的共同参与；第二部分，大学生就业创业课程体系，需要将创新课程、公共课程、单科课程综合设置。每个课程缺一不可，要推动其共同发展。只有各个课程之间达成融合，才能共同为就业创业统一的教育目标而服务。

大学生就业创业教育课程需要坚持的交叉性原则是指：从改革开放开始，我国的就业创业环境在不断地完善发展，社会、企业、产业、高校等来自各方的资

源共同致力于就业创业项目，为了各项资源之间的对接能够更加高效顺利，必然要坚持交叉性原则，加强各个资源的深化合作，共同致力于就业创业教育的发展。与此同时，课程体系的优化应当以技能为核心，以就业为根本，以创业为突破口，以需求为导向，力求课程的设置能够和人才的需求相吻合，使人才具备的专业能力符合社会岗位的需要，培养复合型人才。

（二）理论和实践相结合原则

实践活动是就业创业能力的外在表现，在课程体系整改过程中需要坚持的逻辑思维里，必然有理论和实践相结合这一要求。教师应当鼓励学生积极地参与到就业创业的相关实践活动中，在自身的动手操作过程中深化对理论知识的认知。但是多数高校资源平台有限，设备不健全，从而影响了学生实践活动的顺利开展。高校也要正视这一缺点并加以整改，以便为学生提供丰富的实践机会，帮助其获得合格的实践能力。高校在践行实践和理论相结合原则的过程中，需要积极地优化调整现行的教育体系，有针对性地对实践课程加以设置，无论是教学时长还是教学的内容、教材的选定，都需要有所改进。除此以外，高校要有意识地引进就业创业实践活动，帮助学生将课堂上的理论知识更多地应用于实践过程中，课程以递增式的方法促进学生系统化、全面化地认知自身的个人能力，逐步积累知识。除了让学生走出校园参与实践，在校园内也可以举办项目孵化器、企业科技园、就业创业大赛等实践活动。高校在充分认识到实践活动的重要地位之后，就要克服资金困难、环境困难等不利因素，致力于完善基础设施建设，提高整体教育水平，力求能够为学生提供更多的实践活动。

（三）普适性与针对性相结合原则

当前阶段，大学生就业创业教育体系存在着一个明显的规律，即具备普适性。这是因为放眼全球，就业创业问题是一大难题，对社会的政治、经济、文化等领域都产生了不可忽视的影响。一直以来，我国之所以对大学生就业创业教育倍加关注，就是为了能够提升就业创业的效率。显而易见，具备普适性的大学生就业创业教育体系也需要有针对性，也就是因材施教。因材施教是指在教育过程中，需要充分考虑到学生的个性化特点，有针对性地展开教育。这里所说的个性化特点包含了学生的兴趣爱好、发展方向、个人技能等方面。高校在就业创业教育课程体系的改良过程中，需要针对学生的个性化优势展开具有针对性的关注和辅导，如此才能充分调动学生的积极性和参与度，使其有兴趣吸收知识并且加以应用。总而言之，高校在就业创业教育体系优化的过程中，既需要考虑全体同学的能力，又要考虑个别同学对特殊课程的需求；在面向个人终身发展的同时，也要实现阶段性的自我成长；不能够盲目地否定个性，而是要尊重差异、尊重个性。

（四）大就业创业教育与小就业创业教育相结合原则

就业创业教育工作在一定程度上反映了高校对于学生综合素质的关注，对系统化的素质教育产生了重要影响。借助于就业创业教育，高校能够督促学生深入学习关于就业创业的相关知识，并且有勇气、有信心、有能力在就业创业活动中有良好的表现。一般来说，发展大学生就业和创业教育，不仅是向学生灌输就业和创业知识，更重要的是，有必要提高学生的就业和创业技能与水平，提高他们的综合素质。无论是就业、创业还是参与特定工作，他们都能很好地应对并实现全面成长和进步。从这个角度出发，我国高校在发展就业创业教育时应着眼于“大就业创业教育”，以培养更多的就业创业人才，以实现我国人才强国的战略目标。

但是，我们不排除“小就业和创业教育”。就是说，高校通过开展就业和创业教育，培训具有就业能力和创业能力的大学生成为企业家。我们必须相信，并不是每个企业家在出生之初就具有很强的就业能力和创业能力。他们的成就来自一点点的知识积累和实践。任何一个学生都有可能在将来创建一个企业。另外需要注意的一点是，大学生就业创业教育的优化需要符合本校的实际情况及区域内的产业特色，学校可以依托于自有的教学特色及现有的科研成果来优化课程设置，充分借助地方优势和人文特色进行设计课程，使学生拥有的就业创业能力更加符合地方发展的需要。

（五）开放性与合作性相结合原则

从目前的基本情况来看，大学生就业和创业教育已经更加开放。就业和创业教育的过程，将与社会各方面有着极为密切的联系。同时，随着时代的不断发展和进步，大学生就业和创业教育在整个社会的发展中发挥着日益重要的作用，越来越多的管理组织对其予以高度重视。有研究人员在进行研究和分析的过程中，把大学生就业创业教育看作“社区服务站”。大学生就业创业教育不再仅是为了培养知识精英，而是为整个社会提供知识源泉和智力支持。因此，高校开展对大学生的就业和创业教育时，必须与社会进行更多的交流与合作，以促进大学生素质的全面提高和进步。如果要实现这一发展目标，就必须改变原有的教育教学模式，使大学生就业创业教育更加开放。在教育过程中，有必要与社会开展更多的合作活动，并始终坚持这一发展路线。在开展具体的交流活动时，高校可以与一些公司合作，使学生可以更多地了解企业文化、经营理念、管理方法等。在这种情况下，可以在一定程度上培养和感染学生，也可以为大学生就业创业提供一个真实的平台，以便锻炼他们的就业创业能力。

三、大学生就业创业教育课程体系优化途径

（一）融入人才培养体系

产教融合背景下大学生就业创业教育课程优化之路，首先就要在人才培养体系中纳入就业创业教育，将就业创业教育贯穿于人才培养始终，并且以此为导向展开一系列的教学活动。人才培养体系和就业创业教育之间的融合表现在以下三方面：第一，人才培养目标的契合。高校致力于培养技能型人才，就业创业教育致力于培养具备就业创业能力的人才，二者合二为一，共同推动人才技能的完备以及综合素质的提升；第二，专业教育和就业创业教育二者的融合。在具体的人才培养环节，专业教育不能够脱离就业创业教育，而就业创业教育也不可以和专业教育相背离，只有一体化的教育体系才能推动人才教育目的的实现；第三，产教融合模式。人才培养体系建立必须要基于产教融合的背景，借助工学结合、校企合作等多元化的渠道，实现理论和实践环节之间的对接，在具体的操作过程中，学生可以深入理解社会、企业对人员岗位、技术、能力的不同要求，企业、行业也能共同致力于培养学生的就业创业能力及创新意识。

（二）构建就业创业教育资源平台

高校之所以构建就业创业教育资源平台，其根本目的是推进资源的全方位流动，加速共享。因此，高校可以从以下三方面出发，汇聚资源优势：

第一，创建就业创业基地，在各种校企合作及人才孵化基地的支撑下为就业创业提供空间，在企业和学校的共同帮助中推动校企合作基地及人才孵化中心真

正成长为企业实体，使得就业创业教育能够达到实体规模。从不同专业、不同企业及产业的各自要求出发，提供差异化的就业指导和创业教育。

第二，以名师工作室作为载体传授技能，推行师徒制，传承技艺，提升学生的实践能力，推动产学研一条龙平台的建成。

第三，构建数字化资源库。各大院校之间形成就业创业联盟，借助网络课程、线下交流分享等形式，营造资源共享氛围，加速就业创业教育课程的优化。高校的课程开发最基础的功能就是传授相关的理论知识，形成一体化的知识框架。

除此以外，高校的课程开发也要考虑行业需求、企业需要及社会需要，在推动学生就业创业能力提升的同时，培养其创新思维和创新意识，因此可以设置以下类型的课程：开发普适性课程，加强自然学科、人文学科及艺术素养的培养；开发实践性和体验性课程，全面强化学生对创就业活动的认知；开发个性化课程，满足学生的特殊需要；开发探索性、研究性课程，注重学生创新能力的培养。

（三）利用互联网，“普惠＋定制”相结合

借助互联网资源的优势，坚持走“普惠＋定制”相结合的道路，着力于大学生就业创业教育课程的优化。各种网络资源及信息渠道都可以成为新型就业创业课程的组成部分。例如，院校可以采取慕课、公开课、云课程直播等多样化的形式升级课程内容库，并且采用积攒学分制度或者是在线课堂的学习模式，将整体就业创业课程体系分为实践模块、专题研讨等不同的部分，有针对性地向学生传递就业创业的相关知识，借助互联网资源的优势，打破了空间和时间的限制，学生即便是利用碎片化的时间也可以充分地进行学习。而坚持走“普惠＋定制”相结合的道路，就可以在普适性的基础上满足学生的个性化需要，从不同的专业、企业、产业需求出发，多用途、多层次、多类别地构建大学生就业创业教育课程新体系。具体而言，可以从以下路径入手。

首先，设立就业创业教育教学科研室，以确保教育内容质量及效果达标，并且还可以针对教育评定考核收集一系列相关资料和数据，从而确保大学生就业创业教育课程的顺利开展，营造良好的教育教学氛围，提高就业创业教育团队协作能力。鼓励将就业创业师资团队以自身研究方以及获得的专利或者科研成果作为创业项目，为学生就业创业的项目选择提供更多的机会。其次，加大资金方面的

投入，以此使科研或者专利成果发挥出切实的效益，转化为具有商业价值的创业项目，打造学校产业或者院校品牌，而获取的利益则由学校、教师及学生自行协商分配。

（四）完善师资团队，构建多元评价机制

大学生就业创业教育体系的优化，必然需要完善的师资团队给予教育支持。具体而言，可以从以下两方面入手完善师资团队：第一，打造三方结合的就业创业教育网络。学校可利用的资源有一批优秀教师和研究团队，即“教师网络”。学校可以与社会多方达成合作，引进相关人才来参与到学校的教育中，形成“同行网络”。除此之外，还可以邀请相关企业家、专家来学校进行知识讲座宣讲，形成“教练网络”；第二，通过建立考核系统，打造和培养出合格的就业创业师资力量队伍。在教学质量上，为了更好地实现理论和实践之间的衔接，要统筹安排好校内教师和兼职教师的课程内容和开课时间，实现二者有机结合。要加强对教师的教学技能和专业水平的培训考核。从教师的发展层面看，学校要支持就业创业指导教师将科技成果转让，满足教师的职业发展升级需要。

产教融合自然需要学校和其他社会资源的充分融合，因而不管是在教学阶段，还是在对学生学术成果的评价阶段，都应当充分发挥各个主体的作用。首先，学校、社会、政府、行业还有企业各方，要站在就业创业项目所处的外部环境角度，参考项目和市场既有的规定，评价就业创业项目的经营成效、学生在其中的表现等，建立起一个全方位的评价体系。从而借助这些评价标准量化学生在就业创业活动中的综合水平，有针对性地提高学生在相关方面的素养。其次，项目导师、项目成员及同类型项目之间，也要从就业创业项目内部的角度出发建立评价体系，通过自评和互评的方式，让项目参与人员对自身和项目都能有更深刻的体会和认知。尤其是将学校内的项目与外部企业项目相比较，总结出学生所参与的就业创业项目的优缺点，让学生深入了解项目的前景和自己应当扮演的角色，从而找准改进的方向。

（五）转变课程设置思路以及培养方式

1. 就业创业意识课程设置及培养方式

首先，大学生就业创业课程的开设要以实际案例为依托，收集相关成功创业

的典型案例，再引出理论知识，共同编制到课本当中，以案例为主展开教学，进而培养学生的就业创业思维。除了教给学生理性的创业方法，还应当注重对学生的就业创业精神培养，开展理商和情商培养课程。其次，创新精神的培养也十分关键，鼓励学生积极参加创意活动，帮助学生形成就业创业动力，从而激发学生的灵感。最后，开设管理学课程，学生具备了创业的条件后，要想能够维持企业的长久运营，管理能力必不可少。同时，还需要与团队达成良好的合作共事关系。

2. 就业创业战略课程设置及培养方式

具备了就业创业理论知识和就业创业精神之后，也要有战略眼光，所以要开设就业创业战略课程。利用相关教学模型，对企业在市场上的竞争状况进行战略分析，让学生体会到企业在竞争中面临的挑战，了解存在的多元化竞争力量，学习到战略竞争的特点。再结合相关讲座，让学生用更加长远的目光开展就业创业活动。

3. 就业创业知识课程设置及培养方式

就业创业知识课程旨在培养学生作为管理者的能力。开设的经济相关课程内容包括供求关系、生产成本理论、市场均衡等；传授的法律相关知识内容包括国际商法、合同法、公司法。除了理论知识，还要结合终端为王、差异化营销、游击营销、4P 营销等营销理论，运用经典案例让学生对管理知识有更加深刻的体会。提取组织行为学、人力资源管理的精华内容，让学生对企业人员管理有所掌握。同时，教会学生利用现有资源创造经济价值。例如，在大学一、二年级开设必修课“就业创业基础课”“就业创业管理学”。“就业创业基础课”课程的主要目的是让学生了解什么是就业创业、如何真正实现就业创业、如何规避风险合理投资、如何做好就业创业前的准备工作，以及如何进行企业的战略管理、怎样培养和提高正确分析和解决市场管理问题的实践能力等，培养学生创新思维。“就业创业管理学”课程的主要目的是让学生认识到如何建立就业创业构想、评价就业创业项目的市场潜力和效益、筹措就业创业资金、解决经营管理问题等。大学三年级阶段为大学生就业创业教育中的实践时期，主要是培养学生就业创业素养和综合能力，以大学一、二年级时所学的理论知识为指导，尝试就业创业实践，从而获取亲身经验。

4. 就业创业实战课程及培养办法

这一专题课程的开设是为了提高学生自主创业的能力，重点让学生体会并了解创业的基本过程。例如，制订商业计划书的方法、流程，达到能够独立完成的效果；还可以把一些经典的成功案例引入课程当中，再结合理论知识分析，找到适合学生创业的相似模式，然后利用所学知识完成策划书，通过理论和实践等多种方式检验策划书各方面的合理性，争取能够成功完成小型的创业活动。

（六）实现理论课程的优化升级

区别于传统的文化课课程，大学生就业创业课程有着独特的性质，其根本目的是使学生在日后的就业创业过程中能够少走弯路，因此理论普及至关重要。既要及时地开展理论课的知识传递，也要注重实践课的教授，就业创业实践的主流渠道是相关的活动，借助举办活动的形式，在虚拟的真实情境中让学生亲身参与就业创业的流程，将自身学到的理论知识应用于实际执行过程中，培养其就业创业的意识和能力。大学生就业创业课程教育体系的转型是实现就业创业活动的前提，因此其课程内容也要借此机会优化升级。基础课程涵盖以下类型。

1. “就业创业教育概论”

此科目是大学生就业创业教育课程中的基础课之一，其根本目的是帮助学生深入理解就业创业教育的内涵，并且在此基础之上提高学生的参与度，激发就业创业热情，使其领悟全新的时代背景之下就业创业的相关基础知识。

2. “就业创业基础课”

此科目也是大学生就业创业教育课程中的基础课之一，其根本目的是帮助学生全方位地认知为什么要就业创业、如何就业创业、想要实现良好的就业创业需要做什么样的前期准备。

3. “大学生就业创业导论”

该部分主要集中分析在当前产教融合的背景之下，大学生就业创业的环境及实际的行业、企业需要。从现实意义的角度出发，帮助学生理解自身需要具备何种基本素质及何种就业创业技能。

4. “就业创业心理学”

不可否认的是，任何人在就业创业的过程中都会碰到各种各样的困难，因此面对困难时的心理素质至关重要，将会直接影响到问题的解决及个人的日后发展。特别是创业是一项高风险的事情，大学生由于自身的实践经验不足，社会经验欠缺，很容易遭遇失败。因此，这门学科是帮助学生构建良好的心理状态，养成抗压能力，能够未雨绸缪，提前应对在就业创业过程中可能出现的各种风险及难题。

5.“就业创业法律基础”

就业创业的相关行为必须符合法律规范。此门课程的开设目的是能够让学生充分地了解法律禁区，了解法律规则。作为一门综合学科的法律类课程，此科目既能够教会学生在就业创业的过程中必须遵守国家相关法律的规定，又能教会学生如何借助法律的渠道维护自己的合法权益。

6.“就业创业管理学”

在学生就业创业的过程中，必然要求具有一定的管理能力，通过对这门课程的学习，学生能够更加熟知就业创业的相关管理活动及所面临的创业风险，并对其能够有一个合理的评价权衡，从而帮助学生掌握日后管理操作运营中相关的要点，提升自身管理水平。

7.“市场营销学”

无论是就业还是创业都离不开市场这个大环境，而且永远涉及买与卖之间的关系。因此，这门课程是帮助学生提升自身的市场营销水平，在日后的就业创业过程中能够获得最大化的经济效益。

第二节　产教融合下的大学生就业创业教育实践体系

一、产教融合下大学生就业创业教育实践体系建设的必要性

（一）促进学生提升学习效果

不可否认的是，在大学生就业创业教育的过程中，存在着部分理论性较强、晦涩难懂的知识，特别是在市场营销类型的课程中，部分学生依旧沿用了死记硬背的方式，最终的学习效果不佳。但是，实践教学体系能够帮助学生摆脱枯燥的理论学习，调动他们的积极性，促进理论知识的吸收，达到事半功倍的效果，而

且可以营造富有乐趣的实践氛围，帮助学生真正理解并掌握理论，形成理论和实践之间的有效连接。

（二）推动创新意识、能力的培养

学生在具体的实践活动中，能够使思维有所扩散，和小伙伴一起探讨策略、规划方案，将自身储备的理论知识应用于实践环节，最大化地利用创新能力获得较好的实践结果，因此实践教学体系推动了学生创新意识的培养、创新能力的提升。大学生在实践的环境氛围中，可以在就业创业教师的引导之下真实地接触经营案例、就业创业氛围、生产渠道、客户开发、危机公关、成本控制、财务梳理、市场营销等环节，对于就业创业过程中的事件都能有着清晰的记忆，为其日后走向工作岗位奠定有力的基础，也能够借助不断的实践活动，综合性地提升个人能力，更加满足未来就业创业的岗位需要。

（三）社会、学生发展的必然要求

首先，社会必然要求高校展开就业创业教育实践体系的建设工作。近年来，我国不断地践行高考扩招政策，毕业生数目年年增加，对于大学生而言，其就业形势不容乐观，就业压力持续增大。当本科生、研究生的就业渠道都在变窄，就业趋势更加严峻时，大学生所承担的就业压力不容小觑。为了能够在一定程度上缓解就业压力，仅仅依靠国家政策的疏导是远远不够的，高校要从自身出发，展开一系列的就业创业实践教育，帮助学生改变传统的就业创业观念，在实践过程中提升个人能力，推动其自主创业，鼓励他们紧抓产教融合背景下就业创业教育实践体系建设是学生个人实现发展的优质路径。如今，青少年的家庭环境多数较为优越，而且多为独生子女，吃苦耐劳的品质稍差。但是，在日后的就业创业过程中，他们必然需要面对各种各样的困难和挑战。因此，就业创业教育实践体系的建设能够推动学生养成吃苦耐劳的品质，促进个人能力及综合素养稳步提升，无论日后是在企业就业还是自主创业，都能够满足岗位要求。而且社会的经济政治文化氛围推动国内大学生日益青睐自主创业，就业创业观念有所改变，渴望寻求新的渠道实现个人价值。因此，产教融合背景下就业创业教育实践体系的建设是实现个体发展的优质路径。

二、大学生就业创业教育实践体系的优化途径

（一）建立实践平台，促进资源共享

1．举办就业创业活动

产教融合背景下高校就业创业教育实践体系的建设，必然不能缺少一系列的就业创业活动。就业创业实践应打破以往简单的就业创业竞赛等活动方式，并尽可能多地运用实际操作或情景模拟，使学生能亲身感受到就业创业氛围，通过多元化的实践，让尽可能多的学生参与其中。具体来说，如开设人才论坛、就业创业座谈会、学术讲座等，可以突破文科理科等学科限制，帮助全部学生增强其就业创业实力。当然在充分考虑各个学生的不同特长及不同专业的基础之上，高校可以展开有针对性的实践活动。例如，针对设计类、美术专业的学生可以举办创业就业报刊交流座谈会；针对策划专业的学生可以举办策划专业方面的比赛等。

建立就业创业科技园是提高大学生就业创业能力的关键方法之一。在就业创业科技园中大学生可以在运用理论知识的过程中将其转化为自己的能量，通过实践提高自己在理论知识以外的各方面能力。因此，高校要充分重视就业创业科技园的建设，结合社会各方的力量，寻求多方的支持投资，从而建立起针对学生就业创业教育的第二课堂，拓宽学生的受教育形式和范围，从而形成一个更加完整的教育体系。但是，就业创业科技园的建立并非一件容易的事，需要学校引入多种资源，建议可以通过如下方法来实现：第一，建立产学合作教育模式。这就要求学生和企业紧密联系，达成合作，共同建立相关工作站，再通过工作站将学校与企业二者联系起来。工作站首先面向企业收集就业创业的相关课题，然后学校再根据不同的课题分配不同的学生，在工作站共同完成相关就业创业活动，一起解决课题。这样就建立起了很好的实践场所；第二，成立股份制办学模式。这样做的目的是为学生的就业创业提供更多的资源。高校可以集结更多的社会企业，共同建立创业园，而企业又会引入自己公司的员工、资金等，为学生的就业创业提供更好的学习环境，发挥高校就业创业科技园的教育功能，达到事半功倍的教育效果。

就业创业教育中的实践活动不仅应加强教学计划中的具体实践联系（如研发实验），还应加强计划之外的实践部分（如专业技能竞赛）。就业创业实践不仅必

须在学校进行，而且必须面向并服务于社会。除了指导学生的就业和创业方向，还可以通过开展一些丰富的实践活动，获得一套适合我国当前情况和中国特色的“就业和创业”综合体系。在建立校外就业和创业场所时，一方面，必须采用校企合作的方法，聘请专业人士担任顾问，为学生提供专业讲座和学术报告，指导学生有效地实现就业创业计划，增强学生对行业能力的理解和掌握；另一方面，有必要严格选择与学校合作的机构，以确保它们能够让学生实施就业和创业计划，并指导他们走上就业和创业的道路。利用校外的实践场所，不仅可以使学生掌握当前的社会生产技术、生产工艺和管理步骤，而且可以培养他们团队合作的能力、勤奋工作的精神和社会适应能力。这也是提高大学生就业、创业实力、研发水平和竞争能力的最关键途径，可以为国家培养更多创新复合型人才。

2. 建立健全实践平台

大学生在走向就业创业岗位之后，很容易因为对就业创业的操作流程不熟悉、对市场了解不够全面等因素而面临着就业创业的失败。因此，在其真正步入社会、展开就业创业活动之前，高校需要建立健全实践基地，为学生提供足够多的实践机会，允许失败，在失败中积累经验。就业创业教育实践平台的建立，可以细化为以下几大部分。

（1）社团与团队平台

当前的高校中，社团种类日益丰富，各种各样的工作室、小团队层出不穷，可以将其作为产教融合及校企合作的平台之一，推行学分制促进就业创业教育的调整优化，选择一部分试点专业作为先行者，在社团与团队平台中展开实践活动，取得一定成效之后再大范围地推广。

（2）实践教学平台

实践教学平台是在就业创业实践教学体系完善过程中占比较大的一部分，以校企合作及产教融合作为根基，推动学校、专业、企业、行业之间的信息共享，成立人才资源库，建立学生和社会、企业之间的有效连接。在项目实施、实践教学的过程中，教学老师带动学生展开实践操作，并以此平台为基础，学校和企业之间形成进一步的深度融合。除此以外，还可以引进企业的精英骨干展开一系列的实践教学，落实师徒制、导师制，增强实践教学的效果。

(3) 服务平台

区别于传统的文化课教育，就业创业教育的成效并不是一朝一夕就可以看到的，这是一项长期性日积月累的工作。它需要做好前期的规划设计，确立培养方向及战略决策，面对教育过程中可能出现的问题能够提出有效的解决策略。因此，服务平台的建立至关重要，它可以把握人才培养目标、控制人才培养进度，致力于就业创业实践教育体系的建成。

(4) 项目平台

学生的一系列就业创业活动必然需要项目的支撑。项目平台的建立，可以为学生提供培训指导、政策咨询、项目服务等一系列的辅助，帮助学生及时性、集中化地了解招聘信息、就业信息、创业信息、行业资讯，为其日后的职业生涯规划搭建信息基础。

（二）推动教育改革，创新人才培养模式

高校所培养的人才必须是掌握实践技术的，因此推动教育改革至关重要。高校要以产教融合作为依托背景，结合企业、产业展开全新的办学模式，以企业需要、行业需要、产业发展作为向导，根据专业设置课程，实现专业人才和企业、行业之间的对接，力求人才掌握的技术能够和企业、产业的发展需要相吻合。建立一系列的实践体系，在实践中帮助学生获得就业创业的能力，使其在走向人才招聘市场之后能够找到较好的就业渠道。具体而言，创新人才培养模式可以从以下几方面入手。

1. 教育目标的改革优化

产教融合背景下，大学生就业创业实践教育体系的建设，由原先的同质化教育转向个性化教育、差异化教育，以此来充分地挖掘个性潜能，因材施教，使学生更加具备合格的就业创业技能。而且就业创业实践教育也是素质教育的重要组成部分之一，教学目标更应该是致力于提升学生的专业素养，使其能够更加符合日后的就业创业岗位需要。

2. 教育资源的改革优化

产教融合背景下，大学生就业创业实践教育体系的建设，应当注重教育资源的变革，从封闭式的教育资源向着更加开放的方向迈进，具有弹性化、方式更加

灵活的特点。而且教学资源不应该仅限于校内，校外、社会、政府、企业等多项资源都应该成为产教融合背景下大学生就业创业实践教育体系的支撑。

3. 教育模式的改革优化

产教融合的背景之下，校企合作将成为全新的实践教育方式。例如，把具备创新精神的企业家作为教学主体之一，由他们亲自向学生讲解自身的就业创业经历，并且搭配相应的实践指导，这有利于促进理论和实践之间的融合，以及实践体系的坚固。除此之外，还可以借助和企业高层管理人员的商业合作、研讨交流等，帮助学生了解企业成果，同时也可以为企业提供有发展潜力的优秀人才。

4. 教育过程的改革优化

由单纯的学校教育逐步转向“学校＋企业＋产业”的教育过程。整体的教学过程时间变长，环节变得更加精细。

（三）整合教育资源，更新教学目标

当前阶段，由于科学技术的进步、市场经济的发展，高校和企业、产业、行业展开进一步的合作，因而整合教育资源至关重要。以专业、企业、产业作为依托，创建就业创业的实践氛围是建成实践体系的必经之路。新的实践体系包含的内容多种多样，如校内体验、课堂实践、校外实践操作等，想要各项实践环节都能够取得较佳的教育效果，就需要综合性地借助各方的力量，形成合力之势，为实践教育提供客观条件、有力支撑、实践环境、师资力量，一起来保证实践效果的达成。例如，新建就业创业人才培养库，为其提供就业创业项目，将具备就业创业基础条件和想法的学生聚拢起来，由相关教学老师来进行不间断的指导跟踪，学生在其各自的就业创业岗位上发挥职能作用，承担相应的责任，各司其职地展开项目的运营。在全新的就业创业教育实践体系中，教育资源更加开放、灵活、有弹性，校内体验、课堂实践、校外实践操作三大模块以自身的不同属性吸引学生的关注和参与，教学老师通过对就业创业成果的分析判断，帮助学生查漏补缺，实现能力的提升，推动项目的进展。各项教育资源之间的互帮互助，共同为教学目标的实现奠定了基础。

当前阶段，产教融合背景下的就业创业实践教育体系的目标更加广阔，具备个性化、全覆盖、分层次的优势。首先，针对即将展开就业创业活动的人员，要

提供一系列个性化的实践活动，帮助他们度过磨合期，在社会上成功地就业、顺利地创业。其次，部分学生有着较强的就业创业积极性，理论课堂上的学习已经不能够满足他们对知识的需要，因此就业创业实践模块为其提供了有利的成长环境，可以针对他们的个性化特点、所学专业来提供相应的岗位及实习机会，由此因材施教，锻炼他们的个人技能。最后，实践体系的建成，应当为全部的大学生提供实践机遇，在全覆盖式的培养中，提升人才培养质量，同时能够为高校赢得较好的人力资源口碑，有利于其接下来的招生。由此形成良性循环，推动整个人才体系的逐步升级。对于已经离开高校展开就业创业活动的学生，也需要持续地跟踪教育，帮助其度过就业创业的初期阶段。由此构建体系化、全方位、全过程、有针对性的实践教育机制，既能够考虑到学生的个性需求，又能够落实实践教育的过程和方法，避免传统就业创业教育的目标泛化，真正使实践教育落到实处。

（四）优化师资力量，深化校企合作

1. 完善产教融合校企合作的保障体系

产教融合、校企合作的办学模式对我国培养高水平技术人才、提高就业率、促进社会经济发展具有举足轻重的作用，因此政府和教育主管部门应高度重视，积极引导和促进校企合作。特别是对于参加校企合作的企业，应减少或免征各种税收和其他有关财务方面的款项，以激励企业，特别是地方龙头企业积极参与校企合作，各级地方政府部门也要高度参与和积极协调，以确保产教融合背景下校企合作的顺利实施。另外，政府应通过产教融合，加大校企合作的资金投入，为培养高素质的技术人才提供有力的经济保障。根据学科和行业的发展趋势，建立教学研究中心，升级实用设备，在校内外建立实践基地和学生就业创业基地，引导有能力的学生参加就业和创业基地的相关活动，并鼓励合作企业开展联合经营，分担风险和分享利润，使学生获得真实的工作经验并提高实践技能。

2. 加强校企沟通，提高企业参与积极性

首先，使学校与企业共同受益，实现双赢。双方的驱动方式应从情感驱动转变为利益驱动，以实现产业与教育的融合。因此，有必要根据行业发展趋势和发展需要，进行教学改革，合理配置课程，培养行业发展所需的人才，提高就业率，

形成品牌专业，带动招生，这也是高校的目标。除了优先考虑高质量的人力资源储备，公司还可以共享和合作，并从高校、政府和教育管理部门获取相关政策和资源倾向，提高其技术和设备实力，并建立自己的优势。行业协会要树立并展示具有高度社会责任感的企业形象。通过合作，公司还可以感受到高等学校的价值，分享科研成果，创新员工的思维方式，并发起新的文化和管理变革。因此，必须把双方的共同利益作为产教融合、校企合作的前提。其次，企业与高校之间的沟通对产教融合、校企合作的深度融合有着重要影响。在校企合作的过程中，要营造良好的合作氛围，探索多元化的沟通方式，加强双方之间的互动。双方应根据学生实习的教学计划和企业的业务流程形成一个交互式信息系统。企业可以参考系统反馈来增强对学生的了解。高校可以使用该系统跟踪学生的工作实习进度。学校和企业都可以使用该系统交换有关学生实习效果的信息。最后，促进校企融合是影响产教融合、校企合作方式的重要因素。一是校园文化和企业文化的融合。学生在公司中开始进行技能学习时，必须保持学校的传统，遵守高校的行为守则和职业道德，并接受企业文化的影响，提高职业素质，形成职业道德，并建立职业素养，为将来进入职场做好准备。二是学校管理系统与企业管理系统的整合。在校企合作的过程中，有必要事先将企业系统整合到教学过程中，形成一套科学、合理的体系，既可以满足教学管理的需要，又可以规范学生在教学过程中的个人行为。为确保企业的正常运行，为维护学生、学校和企业的共同利益而建立的管理体系为校企合作提供了安全保障。

（五）落实就业创业实践教育保障机制

1. 激励政策保障机制

高校以育人为宗旨，然而企业的最终目的主要是以获利为主，合作双方目的并不统一，企业管理人员、员工和教学老师所担负的各种任务非常多。这一问题对就业创业实践基地的正常运行非常不利。若想有效解决这一问题，最好的办法是构建并且积极执行适当的激励政策。就高校而言，不可能与企业共享利益，但是实践基地获得的奖励、专利荣誉和产权可以与企业共享。对于企业而言，除了优先吸引人才和拥有专利权，获得的利润也属于企业。例如，如果参与企业很多，就必须根据资金量实施相应的分配机制。对于教学教师，除了学校的正常待遇外，还必须结合实际工作职责和完成的工作量给予其相应的补贴。对于负责生产和运营的人员，奖金金额应由基地自行审核和分配。对于从事实践教学、培养学生的就业和创业能力的教学教师，学校应当评估教学情况，以此为考核标准计算出奖金。对于作为实习者的大学生，除不给其缴纳养老保险、住房公积金和生育保险以外，可以享受实习人员的福利待遇，如果在基地有承包项目或从事企业活动，则归还其所有应获得利益。

2．组织管理保障机制

组织和管理团队属于实施产教融合的人员和组织。高校要符合行政管理部门的相应规定和要求，结合校企合作管理和协同教育的原则，积极创建由政、行、企、校等各方组成的管理部门。该部门工作可分为两个部分：决策和执行。其中，决策部门可以由公司董事或管理委员会等组成，执行部门可以结合实践基地设立相应的管理部门。对于基地的各级管理负责人，有必要要求他们进行就业和创业教育，要求他们对专业实践、生产和经营有很好的掌握，并具有全面的管理能力，为培养高层次的管理人员打下基础。

3．继续教育机制

大学生在进入社会展开就业创业活动之后，会发现他们面对着各种各样不曾想象到的困难，如缺乏行业经验、没有良好的合作关系、前期客户不稳定、资金压力大、家人朋友不支持、对财务税收法律法规了解不透彻等。而当事业步入正轨之后，他们在后期也会面对多种多样的困境，如前进动力不足、管理制度有限、运营混乱、效率不佳等。面对这些问题，高校要贯彻继续教育机制，在就业创业教育实践体系中要提前针对这些困境难题提出有效的解决策略，防患于未然，真正提升大学生就业创业的孵化率，以全程跟进的态度帮助学生就业创业，力求取得良好的效果，使得学生初期的就业创业活动能够在学校的帮助下顺利地展开，后期也能够借助一系列的有效举措推动就业创业达到永续化发展。当前阶段，国家的经济及科学技术呈现出了稳步发展的态势，要想切实地帮助学生提升就业创业的孵化率，就要建立特色化、专业化、高品质的实践教育模式，为就业创业活动源源不断地输入活力。

第三节　产教融合下的大学生就业创业教育师资体系

一、师资团队在大学生就业创业教育中的地位

（一）课程的设计者和执行者

目前，国内的高校新建的就业创业人才培养课程体系，更加倾向于对就业课程的普及，而创业教育却较为缺乏。相比于发达国家而言，我国的大学生就业创业教育起步较晚，特别明显的特征之一就是教材内容的编制及课程设置仍有不足，课程体系有待更新。教师作为就业创业教育课程的设计者和执行者，其个人能力直接影响就业创业人才的培育，对于高校的整体教学质量和育人水平也起到了至关重要的作用。

（二）教学活动的管理者和组织者

产教融合背景下大学生就业创业教育课程优化，意味着将有更多积极的、充满活力的教学元素渗透到就业创业教育过程中。因此，无论是以讲授的传统方式展开理论教育，还是新增实践渠道、实践平台，都少不了教师团队的作用。教师是就业创业教育环节的管理者和组织者。教学目标的达成是通过教师实现的，这就要求教师必须能够精准地传递教学内容，严格地把控教学秩序，灵活性地调整教学进度，借助各个教学要素的合力作用，刺激就业创业教育达到效能最佳。

（三）学术理论的钻研者和落实者

理论指导实践，实践反作用于理论，能够促进理论研究的升华。教学老师作为就业创业教育课程的设计者和执行者及教育环节的管理者和组织者，常年面对学生，奋战在教育一线，自身的教学经验十分丰富，因此对于就业创业教育活动也有着更加深刻的认知，对于教育工作的优化和改良能够提供良好的建议，借助自身的感悟丰富教学理论。

二、产教融合对大学生就业创业教育教师的新要求

（一）丰富的理论知识储备

在产教融合背景下，大学生就业创业教育的教学内容较为丰富，涵盖的科目众多，而且在优化过程中也加入了新实践平台、实践内容等一系列的教学元素。为了能够使得学生在走向社会之后更加顺利地就业创业，高校的理论基础课程设置覆盖面比较广，包括人文、自然、专业、心理、技术等多项内容。总体而言，大学生就业创业教育是一项系统化且具有复杂性的教学工程，因此高质量的就业创业师资队伍至关重要。教师只有拥有了丰富的理论知识储备，才能确保就业创业教育工作的有序化落实。

（二）较高的信息化技术水平

现阶段大学生就业创业教育的优化必然向着更加高精尖的方向发展，先进的教学理念、高科技的教学设备将发挥极其有效的辅助作用，而高校为了能够培养高素质、具备创新精神及就业创业能力的优质人才，则需要借助校企合作等一系列的方式让学生深入实践过程中，在此阶段必然要接触到市场、营销、财会、管理等多个环节。当代中国的经济发展如此迅速，科学技术的推动作用功不可没，学生在实践的过程中，也必然需要学习各种信息化技术，如果能够提前掌握应用的规则、技巧，自然会得到事半功倍的效果。因此，教师必须拥有紧跟时代潮流的信息化技术水平。

（三）全面综合的能力

高校的就业创业教育与教学，旨在提高大学生的就业创业能力和创新思维能力，培养具有创新精神和高素质的社会人才。其中，培养大学生的创新精神需要从思想品格、独立人格和心理素质等方面进行教育；培养大学生的就业和创业能力可以从组织领导和管理技能入手；培养大学生的专业技术能力、创新能力、沟通协调能力和风险防范能力，还需要提高高校的就业与创业师资队伍的综合素质，不断完善就业与创业培训体系，加强对高校就业与创业的专业指导。因此，教师要有全面综合的能力，不仅要有充分的专业知识，还要有广泛的知识面，了解就业创业所涉及的职业知识、政策程序等；不仅要有较高的专业技术能力，还要有

组织协调、协作沟通，以及管理能力，才能够将这些知识、技能、能力传授给学生，培养学生的综合创新素质。

三、大学生就业创业教育师资体系的优化途径

（一）吸引人才，完善师资团队

1. 大范围筛选，内外部结合

对于校内就业创业型教师的吸纳，采用大范围筛选的模式。在全校范围内通过培训、考试等一系列的筛选手段，选择有意向从事就业创业工作，并且有一定责任感、教学能力的专职教职工。在完成初期的理论教学培训之后，借助校企合作的形式，使其参与到企业的实际工作中，展开集中化的综合培训，针对就业创业的各个步骤、投资项目、相关法律法规政策、教学过程中的注意事项、学生心理把握等方面予以培训，进一步提升就业创业导师自身的理论储备及实践教学能力。

产教融合背景下大学生就业创业教育师资体系建设必然需要引进校外就业创业型教学老师，广纳人才才是升级之道。将人品素质过硬、具备丰富的实践经验的就业创业者、经营管理者甚至是政府官员，吸纳到就业创业教师团队中来，借助他们的力量举办一系列讲座、论坛、演讲等活动，让其成为兼职导师。除此以外，政府要主动协助学校建立就业创业指导服务机构，对有意开展就业创业活动的学生提供专业化的服务和跟踪辅导，同时协调解决聘请有实战经验的“大腕”，如就业创业成功人士、各类分析专家、律师甚至是具有专业知识的政府官员，成为就业创业教育的兼职教师。将这些高素质的教育人才充实到就业创业教育师资队伍中，使就业创业教育有声有色地开展。

2. 优化师资结构，健全教师培养机制

高校应当逐渐向着“双师”教师队伍结构优化，明确教师承担的职责。可以由辅导员或者是就业指导老师宣传就业创业教育的重要地位，帮助学生初步建立就业创业的意识，提升他们的积极性，然后再由校内就业创业型教师及校外就业创业型教师展开专业化、有针对性的就业创业教育，共同致力于学生就业创业能力的提升。校内就业创业型教师承担的主要职责集中于就业创业意识、基本理论、

校内实践活动等领域。校外就业创业型教学老师承担的主要职责集中于校外实践技能、企业需要、人才实践能力、实操问题、政策普及、行业咨询等领域。校内就业创业型教师及校外就业创业型教师通过对各自承担职责的履行，取长补短，通力合作，共同培养复合型就业创业人才。

高校应当健全教师培养机制，推动教师展开更加广泛的学习。第一，高校与企业展开深层次的合作，鼓励教学老师“走出去”，直接参与到企业的实际工作环节，在亲身参与企业经营活动的过程中丰富实践经验。第二，鼓励教师亲身创业，通过自己的实践活动来总结教学经验。第三，参加外部组织的培训竞赛。第四，走出课堂，向其他优秀的同行学习，有条件的甚至可以到国外深造，丰富自身的理论和实践知识。除此以外，还需要外聘就业创业领域的相关专家指导理论工作、实践工作、教学方式、具体课程等。一方面，聘请优秀的当地企业家和成功创业的企业家来学校讲学，并利用自己的经验指导教师，以便教师明确教学重点和注意事项。另一方面，利用互联网教育平台对教师进行就业和创新创业理论方面的培训。

3. 引进领域专家学者，提升团队质量

在调整师资团队的组织结构，吸纳更多优秀人才的基础上，也要引进领域专家学者可以从以下几方面考虑引进：第一，工程技术类专家学者，大学生在日后就业创业的过程中，必然会面对更多的高新科技，在校期间不仅需要了解就业创业项目范围之内的科技内容，还应了解其他高精尖技术的发展趋势，工程技术类专家的指导必不可少；第二，就业创业投资类专家学者，对于项目、商机、经济效益有着更加精准的把握，更加擅长就业创业投资，善于分析目标客户想法，其指导至关重要；第三，成功企业家，和成功企业家之间的沟通交流，大学生能够在明确人生目标的同时，夯实就业创业的意识、信心、责任和担当；第四，经济管理类专家学者，可以帮助大学生拥有更加敏锐的市场洞察力，积极地适应市场经济的发展，有针对性地调整优化市场战略；孵化器管理类专家学者，在大学生和企业之间，第五，孵化器管理类专家学者建立了沟通的纽带，其催化作用能够发挥就业创业教育的最大功效；第六，政府经济领域的专家学者，此领域的专家学者涵盖了国家发展和改革委员会、各级政府负责企业管理工作的部门，借助他们的力量，高校在产教融合下推进就业创业教育工作，更加能够得到政府部门的支持。

（二）构建培养体系，提升教师能力

针对当前的教育现状，引入在职培养与挂职培养相结合的模式，强化对教师的专业技能培养，帮助他们积累经验，通过实践补充知识储备。

第一，制订培训与学习规划，积极引导全体教师参与进来，掌握基础理论知识。邀请成功的企业家或者就业创业人员，针对代课教师展开培训，集中各种教学资源，构建实践培训基地，举办各类实践项目，引导高校教师亲身参与其中，切实提升高校教师的理论与实践能力。

第二，高校要积极与企业展开合作，强化彼此间的联系，轮流让代课教师去挂职锻炼，积累经验，将理论知识与实践相结合。借助中外联合办学项目，强化国与国间的沟通与交流，有条件的高校可以委派教师去具备成熟经验的国家或地区学习、访问及交流，借鉴其他国家成熟的教育模式，进而带动国内教学水平的提升。

（三）政策引导，建立考核和激励机制

众所周知，就业创业教育并非短期就能收获回报，因此要注重更深层次的发展，打造良好的持久化教育模式，政府有关机构要给予更多的关注与扶持，高校领导层要树立永续化发展理念，将其作为日常主要工作来抓，提升其战略地位。第一，把就业创业教育作为高校发展规划来对待，注重对人才的培养，在教学过程中要时刻倡导就业创业教育理念，让全体师生参与进来，营造良好的教学环境，激发大家的主动性与积极性。第二，为了满足时代发展对于创新性人才的需求，政府要集中优势资源，制定相关的政策与制度，积极打造实践基地与培训中心。全面推广就业创业教育，提升教师的综合素质，锻炼教师的实践能力，提高教学质量。积极构建专业化的教师团队，集中优势师资，定期组织大家再学习与培训，掌握更扎实的基础知识，积极鼓励高校教师开展就业创业活动，并且构建相应的保障体系，以规避风险。针对当前的具体情况，相关部门要给予更多的支持与帮助，把就业创业教育作为岗位职责与考评体系的重要指标，确保教师能够得到应有的待遇，更加专心地投入教学活动中。

除此以外，还需要建立考核和激励机制。学校应主动改革对教师的晋升方式及职称考核方式等，给主动参与“双创”教育或实践活动的教师优先学习与晋升的机会。同时，建立“双创”教育校外兼职导师聘任制度，引进校外“双创”教育高素质人才，避免“学院派”教师和社会脱节，同时也为校内外教师建立良好的交流平台。制定“双创”教师考核标准，针对不同教师提出不同职责要求，如要求培养学生创新思维的教师本身要具有较强的创新意识或有申请专利的经验；要求培养学生就业创业理论与方法的教师本身要具有扎实的专业基础；要求指导学生就业创业活动的教师有就业创业的亲身经历。进一步完善高校双创教育教师管理机制，以促进“双创”师资队伍水平逐渐提升。举例来说，结合实际情况制定激励制度，明确奖励政策。良好的激励体制可切实提高教师工作的积极性。对于教师职称评定政策，可以考虑相比其他普通专业教师，就业创业教师可以优先晋升，或者如果教师成绩优异，可破格直接聘用，这样就很好地解决了教师的后顾之忧。在整个高校中营造就业创业教育氛围，重点发挥教师的领导作用，在每个学期结束时，可以从这些教师中评选出优秀老师，同时享有物质方面的奖励。除此之外，也可以通过设立教育奖励基金来鼓励教师全身心投入学生的创新思维培养以及就业创业能力提升中。带动教师积极性，不仅可以有效提高教师整体创新素质，而且有利于提高学生创新能力，为社会真正培养出创新型人才。

（四）引导教师转变理念，强化责任感

高校应主动出台建设“双师”师资队伍的相关指导意见，让所有教师都意识到自己有责任参与“双师”教育改革，将“双师”教育目标定位到学校人才培养目标之中，保证全体教职工都能转变教育观念，主动在自己的岗位上创新。高校应努力转变教师教学观念和教育方式。一方面，明确教学定位。把就业创业课程作为专业必修课程，并将就业创业教育纳入人才培养计划。另一方面，加强“专创融合”。在其他专业课程的教学过程中，主动融入就业创业相关资料与案例，并积极挖掘与开发学生的潜在创新能力，以此提升其就业创业综合素质。明确就业创业教育不是一个部门的事，也不是一部分教师的事，而是全校教职人员的共同责任，并在此基础上，制定适用于本校的《就业创业教育实施方案》，让教师和行政人员意识到就业创业教育的迫切性与必要性。另外，必须强调的是，教师是课程的设计者和实施者、教学活动的组织者和管理者、教学理论的研究者和实践者。他们在就业创业教育中起着非常重要的作用，这就要求他们要树立极强的责任心。

（五）建设科研室，转化科研成果

高校应当创建就业创业教育科研室，就业创业教学老师可以在教育科研室中相互探讨就业创业教学方法和内容，讨论在就业创业教育教学中遇到的各种问题，并提出相应的解决措施，从而促进大学生就业创业教育教学的顺利开展，并提高就业创业教学老师队伍团队的合作精神，进一步加强知识产权和科研成果向商业产品的转化。统计教师和学生的发明创造和专利，如果是具有商业价值的，帮助其转化或生成成品并尽快将其投放市场，形成“校内—校外”的办学模式。建立学校品牌，获得的收入由学校与发明人或专利权人共同拥有。这可以进一步促进发明者、就业者、企业家和专利申请人的就业和创业的热情，并且还可以进一步完善具有高科技含量的就业和创业项目。同时，借鉴国外高校的先进经验，如“威斯康星计划”由威斯康星大学提出，培养实用性知识人才，委派专业教学教师向社会提供专家服务，使高校走出了象牙塔。加州大学伯克利分校、芝加哥大学、威斯康星大学、哈佛大学、麻省理工学院、斯坦福大学等都先后建立了能够对外转让、许可专利的技术转移机构，使高校的研究成果能够有可能转化为社会需要的商品。另外，对于产品设计专业学生自己设计的产品，如手工艺品、民族服装、特色旅游商品等，学生可以通过饰品自营店的方式进行销售。这样既可以把学习成果展示给众人，又可以获得部分收入，还可以基于消费者的喜好或他们提出的意见和建议进行个性化设计，以便日后能设计出更好的产品，从而扩大大学生的就业面，提升其设计作品的创意度。

（六）创建专业机构，工作程序化

笔者认为，许多高校目前在就业创业教育上更多是在政策及理念上进行宣传，虽然会鼓励学生参与国家举办的大型竞赛，但是却没有更加完善的专业机构负责此项工作。然而，机构的建设在就业创业体系中却是不可或缺的一部分。相关领域的学者认为，目前高校在就业创业教育体系上还需要进一步完善，明确各部门担负的职责。建议高校在就业创业教育机构的建设上主要可以从以下几个方面出发：第一，设立关于就业创业教育系统核心的管理机构——大学生职业发展指导中心，主要负责就业创业教育事务的规划及筹备，让该机构发挥统筹规划的作用，在校级层面进行符合国家政策及社会背景、顺应企业人才需求及学生个人发展需要的指导；第二，设立负责运行就业创业教育的系统及协助教育系统规范发展的机构，如大学生就业创业基金会、就业创业教育研究室、大学生就业创业园等。此类机构可以加强就业创业教育建设，组建师资团队，对招生数量及课程进行具体的安排，确定教师课程分配，并协助设立就业创业实践平台，为学生提供更多有关就业创业项目的选择，并帮助学生申请资金扶持；第三，设立学院层面的二级管理单位。此类单位主要由负责就业创业教学的老师组成。作为具体对课程进行教学的机构，指导相关课程的落实情况，包括就业创业实践活动、理论学习等。就业创业二级教学管理机构应当致力于明确教学理念，提高教学质量，把专业理论知识教育与就业创业实践教育紧密结合起来，提高教育的总体质量及效果。

第四节　产教融合下的大学生就业创业教育评价体系

本节主要针对产教融合下的大学生就业创业教育的质量评价体系展开论述。

一、教育质量评价含义

教育质量评价是对教育成果进行有效评价，是教育管理的一个重要环节，也是提高教育质量和办学效益的重要手段。[①]它是根据特定的教育目标，在对相关信息进行全面收集和分析的基础上，以科学的方式对教育的整个过程和结果进行判断的过程。教育质量评价具有科学性、客观性和实用性的特点。它是对教育过程及其结果的描述和价值判断。教育质量评价的类型很多，根据不同的分类标准，它们是不相同的。如果按评价对象划分，可以分为教师评价、学生评价、课程评价等；如果按评价功能划分，可以分为诊断评价、过程评价和总结评价；如果按照教育程度的不同，可以分为基础教育质量评价、高等教育质量评价、职业技术评价等；如果按照不同的评价方法进行划分，可以分为定性评价和定量评价等。

① 付兴国．现代高等职业教育论[M]．北京：中国轻工业出版社，2014．

二、大学生就业创业教育质量评价体系优化的原则

就业创业教育质量评价体系是一个复杂的体系结构，需要遵循科学性、导向性和可操作性的优化原则进行构建。

（一）科学性

评价体系应体现科学性，必须遵循大学生就业创业教育的规律和特点，以务实的态度准确反映评价对象的基本特征，并说明过程的实际水平和效果。评估系统的设计越详细，评估指标的数量越多，评估对象之间的差异越明显，评估的可信度和准确性就越强。因此，有必要掌握就业创业教育质量评价体系中的科学原理。科学规划评价主体，评价内容和评价体系必须具有科学针对性和现实意义。确保评估系统的总体布局和全面计划的立足点，可以确保评估系统建设的客观性和可行性。根据不同的考核指标，制定相应的系统考核标准，并从多方面、多角度对考核体系进行优化，不仅符合学校的实际情况，还符合国家有关政策，保证了正确性和准确性。评价体系的科学性使就业和创业教育质量评价体系更加完善。

（二）导向性

大学生就业创业教育质量评价体系具有独特的指导作用，主要体现在三个关键部分。首先，评价体系的确定从内容上规定了评价的范围，被评价者自然会关注评价体系中所包含的内容，不包括在内的内容在一定程度上会被忽略。其次，权重分布关系还将指导大学生就业和创业教育，更加重视评价体系的内容。最后，评估系统的标准选择最直接地反映了系统设计者的价值，并且对于评估的重点也最有针对性。就业和创业教育的质量评价体系必须确保评价者的正确方向，并指导正确价值观的形成。评价体系的定位直接关系到就业创业教育的实施效果、学生学习的重点，甚至可能对就业创业教育的方向产生影响。只有建立了评价体系，才能形成激励和竞争机制。应探究如何利用评价体系的指导作用将就业和创业教育带入一个良性、高效的循环。

（三）可操作性

可操作性原则是指实施就业和创业教育质量评价体系的各项指标内容必须具有一定程度的可行性，或者用描述性和行为性语言定义，以便对其进行衡量或观

察，然后再在此基础上得出评价结论。在构建评价体系时，应明确每个项目的内涵，强调重点，并采用定性、定量综合考虑的有效方法。定量方法可以更真实地反映评价情况，定性方法可以清楚地反映评价对象的情况。因此，在评估系统中结合定性和定量方法可以更好地实现评估系统的可操作性。通过在就业和创业教育的不同层次上制定评估指标，如响应水平、学习水平、行为水平和成就水平，可以更详细地优化评估系统的可行性，使其更具可操作性。

（四）目标性

2017 年，教育部将“培养学生的开拓创新意识，引导师生积极参加科技创新队伍和科研创新培训，加强就业创业教育，培养学生进取精神”列为教育部指导高校工作的指导思想。提高政治工作质量的主要内容和基本任务再次表明，创新就业和创业教育是实现高校政治教育目标的重要组成部分。因此，高校的就业创业教育应始终以高校人才培养的基本要求为基础，以思想政治工作的核心环节为基础，明确就业创业教育的发展目标和定位。效果评估可以真实地反映大学生创新就业和创业教育的现状和发展趋势，坚持提高学生整体素质，培养学生的创新精神和创新能力，培养高素质社会人才为目标。

（五）促进性

一个好的、完整的评价指标体系应该对教育起到促进作用。因此，大学生就业创业教育质量评价体系在学生学习动机激发、教师素质提高、环境资源配置、实践活动设计等方面，都应体现其促进和发展的作用，确保评价内容符合时代要求和学生需求。例如，设置学生年度参与人数提高一定比例的“发展价值”和教师培训人数不低于一定比例的“底线价值”，避免部分高校停留在“舒适区”，形成良性的可持续提升机制。

三、大学生就业创业教育质量评价体系的优化路径

（一）完善内部评价体系

建立与就业和创业有关的教育体系，一方面是基于国家教育机构的要求和社会形势，另一方面是完善高校教育体系的实际需要。高校如何建立更加科学有效

的就业和创业教育结构体系，很重要的一部分取决于高校自身对就业和创业教育结构体系的要求和评价标准。明确改善就业和创业教育评价体系的重要性，以及如何进一步完善评价体系是一个值得关注的问题。高校建立就业创业教育体系的部分原因在于创新创业教育环境背景和社会发展趋势。如果这种外部“压力”得不到正确地对待，那么一些高校的就业和创业教育体系很可能会没办法达到教育的预期。因此，学校对于建立就业和创业教育体系的决心非常重要。只有严格的要求才能建立真正有效的评价标准，科学合理的教育制度评价体系应确保自身的真实性、有效性和客观性。高校应明确就业和创业教育体系对完善自身教育体系的重要性。通过合理组建评价小组，可以在年龄分布和资历层次上平均分配评价小组，以确保获得相对客观、准确的评价结果。专业的评价标准，才能切实促进就业和创业教育质量评价体系的完善和发展。

（二）引入外部质量评价机构

除了完善内部质量评价体系，从社会聘请专业评价机构也具有重要意义。为了确保教育质量，政府教育部门采用了质量评价系统，以便于对特定机构的相关教育系统进行实际和特定的评价。一方面，为了确保评价的真实性、客观性和准确性，由教育部门组建的评价小组必须在早期进行严格的小组成员审查。不仅如此，教育部门的人员也很有限，不可能任意召集人员进行评价教育体系。在这个时候，它成为一个中间的、高度客观的、专业的和独立的教育系统评价机构。它在高校与社会和政府教育部门之间的沟通中起着举足轻重的作用，同时建立了足够科学、负责和严格的评价体系。因此，面对就业和创业教育体系的评价，评价机构可以围绕教育的质量、数量和内容进行更加系统和客观的评价。用更快、更有效的方式获得有更多具有参考价值评价结果，这确实成为促进高校就业与创业机构发展的核心动力之一。充分发挥中介教育体系评价机构的作用，一方面可以协助我国教育部门客观地监测各高校的教育体系，确保教育机构的质量。根据评价数据和结果，可以总结出更有效的改革计划。可以看出，它可以满足社会、政府教育部门和高校的共同需求。

（三）发挥评价结果效能

我国在如何发挥评价结果的有效性方面仍有探索的余地。为了进一步提高评价结果的利用率，高校应积极在互联网平台上发布就业创业教育系统的评价结果，使就业创业教育系统的评价结果公开透明，并加深他们与社会和政府的联系。一方面，教育部门和学生交流应朝着正确方向，并优化和改革就业创业教育体系；另一方面，高校应正确认识教育体系的评价结果，积极利用自身资源，促进资源的合理配置和利用，提高资源利用效益。只有合理分配资源，才能充分发挥评价结果带来的积极作用。在优化评价结果利用的具体操作中，应注意财政拨款的比例分配和教育成果的质量评价；在科研部分，应针对不同类型的创业活动、就业和创业教育的内容制定不同的评价标准，并选择不同的评价小组成员。大学生就业创业教育体系中的不同项目团队可以选择不同的评价团队并根据自己的类型和目标提交评价材料，从而对自己的项目进行专业评价。参照国内外标准，合理地划分各类项目，并根据不同层次对资源进行加权。

（四）制定评价体系定性指标

1. 政策评价体系，制定评价标准

建立大学生就业创业教育体系的部分原因是我国总体背景和发展的必然要求。政府已经制定相关政策，以顺应这一趋势促进教育系统的发展。经过严格的分析和审查，这一系列相关政策顺应了国家的发展趋势。这也是高校建立就业创业教育体系需要遵循和借鉴的重要内容。因此，国家政策的思想内容应作为高校发展的指南，以评估学校自身建立教育体系的总体进展，并制定一套完整的政策评估机制。众所周知，实践是就业创业教育过程中不可或缺的重要组成部分。只有充分注意实践环节，将理论与实践相结合，才能更好地培养学生，实现培养创业型人才的目标。因此，培训标准应从就业和企业家精神、理论知识、质量培训和工作实践四个方面入手。就业和创业目标的制定应包括与就业和创业有关的愿景、认识、能力和实践。设定标准后，将对学生的学习状况和素质进行全面评估，以推动学生提升创新创业意识和创新创业水平。

2. 保障评价体系，构建多元评价主体结构

高校教育体系评价部门应足够严格，以确保其自身的独立性和客观性，而不是附属于某些原始的教学单位或部门。这是因为一旦丧失了独立性和客观性，就很难确保其权威性，并且无法发挥其真正的效用。这不利于评价结果的准确性和

客观性，难以形成良好的发展氛围。例如，在人力资源配置方面，隶属于某个部门的评价团队的能力远远低于高度独立的评估部门的能力。作为一个独立的部门，可以确保资源集中用于教育体系的建设和改善，同时促进师资队伍的优化，促进学生的创业成果的输出，并激发教师和学生的积极性。在学生就业创业过程中，建立高校评估部门作为评价保证机构尤为重要。它不仅是建立就业和创业教育体系必不可少的环节，而且是确保其稳定、和谐发展的重要组成部分。它直接或间接地影响就业和创业教育的有效性。在建立这个高校评价部门时，有必要确保教师、学校行政人员、企业、学生和社会管理人员的共同参与，以确保其自身的独立性和客观性不被轻易破坏，尽可能满足各行各业的需求。

3. 教学评价体系，优化课程考核

一般来说，建立大学生就业与创业教学体系主要包括理论与实践两大教学内容，以及教师与课程两大体系。众所周知，教学体系的质量对教育系统的整体质量有不可忽略的影响，对学生也有直接的影响。因此，必须从教学安排、教学过程、教学任务和教学成果等方面形成一套完整的教学评价体系。可以看出，在就业创业教育体系的总体评价体系中，需要注意的关键内容包括教学方法、学科建设和师资队伍建设。要激发内在动力，使教师和有关部门可以更积极地参与就业和创业教学，提高教学质量，并鼓励促进创新教学。同时，还应根据课程不同阶段的发展和进步，对评价标准进行调整和改革，以保证评价结果的及时性和理论评价与现实评价的统一性，确保评价对学校本身和其他社会部门具有客观参考价值。不仅如此，就人才培养目标的评价内容而言，除了原来三个部分的工作技能评价、职业素质评价和专业知识评价，还应增加与就业和创业精神有关的评价内容。

（五）质量评价全方位变革

1. 评价主体多元化

在实施就业创业教育系统评价的过程当中，评价的主体越多，其评价成果越有价值，因此可以更多地让相关的企业、学校教师及政府教育部门参与其中。这一提议的内涵主要包含以下两个方面：一方面，因为让更多的评价主体参与其中，可以有效地、全面地对学生进行不同角度的专业评价，这本身就是优质教学的一部分；另一方面，多方面进行更为具体细致的评价，更加有利于教学成果的评价及提升评价结果的参考价值。由此可见，促进评价主体的多元化，是具有积极意义的，不仅可以让学生意识到自身在各方面存在的不足之处，还对高校本身在就业创业教育系统的完善有正向作用。

2. 评价内容全面化

以往高校对就业和创业教育进行系统的评价时，大多数评价是片面的而不是全面的，主要将学生的相关学业成绩作为唯一的评价标准。随着当今社会的飞速发展，对高校教育成果的评价也应具有更多创新性和更广泛的内容。它不仅应按结果进行审查，还应将过程和其他信息作为参考。这样就打破了长期存在的单方面评价标准，增强了系统评价的客观性和综合性。除了需要丰富评价内容，课程评价中还需要注意一些要点。传统的评价方法主要是由行政部门进行单一评价，但是这种直接评价上级管理部门的课程教学质量的方法不适合当下的就业创业课程，原因是就业创业课程的重点是实践。以前为传统课程设置的评价方法不适用于就业和创业课程，因此在评价过程中，不应照搬以前的评价方法，而应更加重视对课程各种要素及内容的创新性和合理性的分析。重视内容的设计和规划，参考各学科的意见，以及学生对课程的反馈意见，并通过更全面的综合评价，提高教育效果，确保教育质量。除了需要优化和改进的上述两点评价内容，真正意义上的全面评价还涵盖了许多其他内容。例如，在评价教师的教学成绩时，除了将学生的反馈作为评价标准，在评价教育效果时，还可以聘请第三方评价机构或团队提供专业帮助；在评价课程和内容的合理性时，应根据就业和创业项目的性质选择一种更科学更负责任的评价方法，并应延长时间跨度，以及考虑进行后续调查。

3. 评价方式系统化

参照更传统的方法，高校的教师评价通常很简单，但这无疑是一种更通用的评价方式。教师的综合素质涉及很多方面，因此为了确保对教师的评价更加准确，必须采用更加系统的评价方法。例如，在总体评价过程中，除了原始学生评价会还添加上级评价、教师相互评价和教师自我评价，还可以增加评价的兴趣和评价形式的丰富性，如采用主题问卷调查、访谈或座谈会等方式，这无疑可以加深对高校教师的了解。提高评价结果的参考价值，同时可以给教师更具体更丰富的职业建议。除了打破传统的教师评价方法，评价学生的过程还需要进行更多创新性的改进。改进后的方法不单单以学生的表现作为评价学生优劣的标准，还丰富了评价形式和内容，如增加了学生的自我评价、相互评价、师生评价等，学生可以全面了解自己。同时，让所有学科教师都更加注意发现学生的潜能，帮助学生发现自己的优势，鼓励学生根据自身情况积极发展，最大限度地发挥自己的优势，避免劣势，提升他们的才能，从而提高学生的综合素质和综合竞争力。

4. 评价标准科学化

众所周知，大学生就业创业教育是一项十分艰巨的任务，面临着很大的压力，与此同时也受到了政府及社会各界的关注，任重而道远。就业创业教育本身在实践领域属于突破传统教育特点的一类课程，因此相较于传统文化课而言，它不仅内容复杂、形式复杂，连涉及的相关因素也更多。因为针对其他文化课的评价标准不足以全面地对就业创业课程进行系统评价，所以要使课程教学评价仍旧具有客观性及准确性，必须根据内容本身来制定科学的评价标准。如何科学地制定针对就业创业教育体系的评价标准，主要方法是在原有的评价体系上再增添一些与就业创业有关的内容，如在评价过程中要确保子课程和总体课程兼顾，相对和绝对兼顾，定性和定量兼顾，精确和概括兼顾，动态和静态要兼顾，等等。

5. 评价工作制度化

在常规评价系统中，评价团队通常会设置并评价相关目标，然后开展特定的评价工作。但是，在实际评价过程中，需要更全面地考虑可能影响结果的因素，并确保评价的全面性。可以看出，在制定具体目标时，无论评价团队是否达到评价目的，都应该有最基本的原则，即确保评价结果的准确性、客观性和较高的参考价值。为了实现这一目标，有必要规范高校评价体系的管理。同时，有必要发现系统本身的漏洞并及时加以弥补。只有这样，才能避免评价系统产生的错误直接影响教育系统本身，导致评价失去价值。规范管理主要是通过加强考核制度的制度化实现的，可以分为四个方面：一是与时俱进，对已经形成和投入使用的考核机制进行合理科学的改进；二是根据实际需要和条件，根据国家政策，制定科学、有效、合理的标准化评价机制；三是在评价工作的各个方面，了解新技术和新技术的投资和应用，提高评价效率，简化评价工作，降低评价难度；四是提高评价结果的准确性，对评价人员的选择更加严格，并且需要对相关工作和技术进行系统的培训，以提高评价人员的整体素质。另外，所有主要职业学院也应根据学校的自身条件、特色教学模式、教学特色和教育方法进行详细而有针对性的评价。只有通过不同的和全面的讨论，通过创新的评价理念，多元化的评价主体和系统的评价方法，才能获得具有较高参考价值的评价结果。

四、大学生就业创业教育实践平台绩效评价

在探讨战略性绩效管理的绩效计划时，中国人民大学方振邦教授提到了绩效指标作为该计划的关键点。他强调，在设计绩效指标体系时，需要考虑三个基本要求，第一，确保绩效指标之间的相互独立性。设计就业创业教育实践平台绩效计划的重点与难点是将组织战略目标逐层分解，并将其落实到子指标上。指标是用来衡量目标达成程度的标准，在目标预期实现时反映出来的数量、规格与标准；第二，绩效指标是对绩效目标进行量化衡量的标准，通过详细的评估判断绩效目标的实现程度；第三，绩效指标还需要具备可度量性，这意味着绩效指标所涉及的变量要能够用具体的数值描述和评估其表现。在确定绩效指标时，需要确保其具有针对性，即能够直接对应特定绩效目标并反映实际效果。鉴于上述三项关于绩效指标体系设计的要求，我们认为有必要探讨就业创业教育实践平台绩效优化的方法。

（一）以不同层级的绩效目标为导向

在衡量绩效目标的实现情况时，需要使用绩效指标。因此，在设计和组合绩效指标时，应该以绩效目标为中心，确保它们能够准确地反映绩效目标的实现情况。针对就业创业教育绩效管理系统，一级指标涵盖了战略性定位、使命、愿景和社会主义核心价值观，并包含了顾客、业务流程、管理、财务、学习与成长、竞争与合作等多个方面。二级和三级指标是在上一级指标的基础上更加具体和详细地描述，可以更全面地反映上一级指标的绩效状况。

（二）以多元智能理论为依据

多元智能理论旨在引导人们认识到每个人都具备八种智能，但每个人的智能构成和表达方式各不相同。人才、个人成长经历、教育背景或环境是可能会影响个人智能结合的因素。另外，经验的澄清有助于促进多元智能的发展，而经验的

缺失可能会对多元智能的发展造成不利影响。在发展智能型就业和创业型人才的过程中，应注重对学生的“鼓励”和“尊重”。因此，在制定就业创业教育实践平台的绩效指标体系时，应着重考虑以下三个方面。

第一，就业创业教育实践平台如何解决因材施教和无知教育的问题。创新型就业创业教育实践平台的目标是为每个学生提供就业创业教育的机会，但并不要求每个学生都要获得相同的结果。该平台应充分考虑学生之间的差异性，尊重每个学生独特的特点，并积极营造有利于激发他们智慧、培养卓越创造力的环境。

第二，通过充分利用平台的媒体优势和采取多种渠道，可以让更多的学生接触到就业和创业的机会，激发他们的就业创业和创新意识。为了激发学生对就业和创业的兴趣，可以为他们建立就业和创业团队，并通过竞争的方式筛选出最优秀的团队，提供专业的平台资源和支持，促进学生创新能力的提高。绩效评估的主要侧重点是客户满意度和个人成长发展。高校的接收就业和创业团队的标准包括学生参与度、满意度和实践效果等方面，在进入平台后，他们希望能够享受到平台提供的公平、开放和公正的服务。另外，还需要对就业创业教育实践平台的运行机制进行评估，以确保其能够有效地支持并维持就业创业教育的顺利运转。

第三，学生的智慧往往以多样化的方式相互作用，每个学生的智慧都呈现出他们独特的个性风格和表达方式。通过与人才培训的交互合作，研究智能型就业和创业型人才的成长模式。绩效评估体系主要包括内部业务流程和财务方面的指标。在内部业务流程方面，我们主要考虑到项目管理，教职员工管理及信息发布和沟通的管理流程。这些流程的目的是评估平台内部流程的标准化程度、合理性及有效性。在财务领域方面，衡量财务系统运作水平、资金使用效率和财务资金稳定性的主要因素包括财务系统的运行情况、就业和创业资金的使用方式及就业和创业资金的来源。除此之外，不能忽视的是智能化就业与创业人才的培养受到就业与创业教育实践平台内外部环境竞争与合作的重要影响。影响学生多元智能产生和培养的诸多因素中，环境和教育因素的作用最为显著。在实现就业创业教育的实践过程中，需要开展各种实践活动，并与多个实践学科进行合作。这种合作不仅要达到互补的效果，还要充分发挥资源的协同作用和合理分配的平衡作用。绩效指标体系中竞争与合作维度的作用在于评估大学生就业创业教育实践平台中的教育资源竞争和共享情况，同时也考量了在这一竞争和合作的过程中，人才的知识结构是否得到提升和增值。竞争和合作是同一个问题的两个不同方面。在实践就业创业教育的过程中，需要将各种资源协调整合，充分发挥集体效能，以达到最佳效果。这不仅需要考虑就业创业教育实践平台在内外部环境中的协作方式，还需要注意它们在这个环境中的竞争关系。竞争本质上是一种机制，它可以打破地域界限，有效整合有限资源。竞合互动可以推动就业创业教育实践平台由无序向有序发展。

五、大学生就业创业教育企业认定评价

开展产教融合型企业认定与评价，旨在激励企业在政府主导下与学校、行业等形成人才协同培育机制，并在此系统中发挥企业价值并作出贡献。从实践来看，开展产教融合型企业评价已有充分的现实依据，需要从以下三方面入手。

（一）重视产教融合中企业的社会责任

笔者认为，企业在评价过程中作为评价主体之一的重要性不容忽视。原因如下：企业在享受生产经营权、资源使用权和法律保护权的同时，还需要创造最大的经济价值并履行与社会有关的责任和义务。这些责任通常可以分为经济责任、法律责任、道德责任和社会责任。作为评价的对象，参与我国高校就业与创业教育的过程被普遍视为社会责任。这种责任并不是社会其他阶层对其施加的不必要压力，而且这些责任本身也与企业无关。作为一种社会责任，根据其字面含义，公司可以独立选择是否在国民教育工作中承担某些责任。但是实际上，参与教育本身是企业发展的一部分，从历史的角度来看也是这样。随着我国经济的快速发展及产业体系和教育体系的不断分化，教育和企业逐渐形成了两个相对独立的部分。这使得教育只能作为企业的自愿责任。在当代教育实践的帮助下，可以看出，就业和创业教育不能与企业完全分开，因为就业和创业教育本身是系统的技能培训，旨在使学生成功地找到就业和创业机会，并使教育界的人日益意识到商业管理的重要性。因此，教育行业中越来越多的从业人员希望公司重新承担起教育责任。基于这种现象，我国还颁布了一系列相应的法案，阐明了公司应在技术、资金、知识和设备及其他可用资源方面履行其在教育领域的义务，从而可以更有效地提高创新能力和企业人才的培训水平。

（二）重视产教融合中企业的主体地位

明确企业参与教育过程的重要性及企业应如何具体参与。目前，中国企业的教育责任很大一部分仍处于政策调整阶段。对于许多企业而言，“参与”是自愿和消极的，没有引起企业足够的重视，这显然违反了政策本身的初衷。但是，大学生教育仍然是我国人才培养的重要组成部分。因此，它所带来的问题使企业、国家与高校之间的关系变得更加紧密，企业开始在其中发挥越来越重要的作用。为了加深企业与学校的共同教育责任，国家在有关政策文件中特别提出了“校校联合教育”的建议，明确了大学生既是在校生又是企业学徒，“双重身份”的概念清楚地定义了企业在教育责任中的作用。

（三）重视产教融合中企业的关键作用

企业和高校在教育领域具有同等重要的地位。可以看出，企业在大学生教育中具有极其重要的意义，其作用是其他社会单位所不能替代的。产学结合是企业和学校各个方面资源的有效结合和深入整合，是产业地位和专业学科之间的默契合作，是实践与理论的结合。最初实施该政策时，许多公司都不清楚其在教育方面的责任。因此，在学校积极部署的时候，公司的合作只是走形式，有明显的“校热企冷、校冷企冷”现象。为了提高企业对教育责任的认识，政府和教育机构现在鼓励企业致力于发展多元化的人才教育和培训机制，包括现代学徒制、职业教育集团混合所有制改革和职业教育股份制等以使企业在人才培训及生产与教育的融合方面具有更大的容忍度。随着各大企业对产学结合背景的认识不断深入和国家的大力宣传、鼓励和促进，越来越多的企业开始表现出更加积极和开放的合作意愿。它对提高复合型人才的培训效率和企业招聘人才的效率产生了积极影响，极大地促进了民族产业的优化升级和经济转型。

由上述可知，针对我国高校在大学生就业创业教育系统方面的评价优化，除了向国际上先进国家借鉴优秀经验，还需要积极探索，在自身已有的制度上进行更新、完善和改良，在适应我国教育现状的前提下，积极扩大评价系统的多元化，确保其具有科学性、准确性、独立性及客观性。同时，还要认识到教育评价系统与其他管理体系的配套作用，注重先进理念及意识的普及，给教育者提供更为良好的评价氛围。

参考文献

[1] 奉中华，张巍，仲心．大学生教育管理的创新与实践研究[M]．长春：吉林人民出版社，2021．

[2] 董维杰．大学生教育管理理论与实践[M]．济南：齐鲁书社，2006．

[3] 王慧．现代教育理念下的高校教育教学管理研究[M]．北京：化学工业出版社，2021．

[4] 刘萍萍，何莹．现代高校教育教学管理现状与创新发展[M]．北京：中国原子能出版社，2021．

[5] 沈永真．高等教育与高校大学生教育管理建设研究[M]．北京：中国纺织出版社，2019．

[6] 焦明江．高校大学生教育管理工作创新研究[M]．长春：吉林教育出版社，2021．

[7] 卢鸿鸣．产教融合的长沙模式[M]．长沙：湖南科学技术出版社，2020．

[8] 蒋新革．新时代高职产教融合路径研究[M]．广州：广州中山大学出版社，2021．

[9] 柏芳燕．构建产教融合生态圈的研究与实践[M]．北京：中国原子能出版社，2020．

[10] 黄立．产教融合背景下高职院校“双师型”教师团队建设研究[M]．长春：吉林人民出版社，2020．

[11] 张璇．产教融合背景下职业本科教育高质量发展研究[J]．河北开放大学学报，2023，28（02）：97-100．

[12] 杨杰．生态人文理念下高等教育管理存在的问题及对策[J]．环境工程，2023，41（04）：281．

[13] 杨志慧．产教融合背景下高校创新创业教育实施途径思考 [J]. 四川劳动保障，2023（03）：32–33.
[14] 娄冰琼，郝雷．大学生创业就业教育管理存在的问题及对策研究 [J]. 海峡科技与产业，2023，36（03）：92–94.
[15] 李新生．社会分工理论视域下产教融合高质量发展体系构建 [J]. 职教论坛，2023，39（03）：119–128.
[16] 肖化移，李凯娟．英国职业教育产教融合政策的演进、特征及启示 [J]. 深圳职业技术学院学报，2023，22（02）：16–21.
[17] 李明升．新形势下高校大学生教育管理实效性的提升 [J]. 创新创业理论研究与实践，2023，6（05）：79–81.
[18] 李丽．基于人本化理念的高校教育管理研究 [J]. 湖北开放职业学院学报，2023，36（03）：18–20.
[19] 王晓艳，梅俊强．基于创新教育理念的大学生教育管理 [J]. 山西财经大学学报，2022，44（S2）：61–63.
[20] 张一舟．“以人为本”理念下教育管理的创新探索 [N]. 中国电影报，2022–07–13（011）.
[21] 方菁华．产教融合对应用型本科人才培养的价值及其实现路径研究 [D]. 广州：广东技术师范大学，2022.
[22] 张雨晗．高校教育惩戒权的合法性及限度研究 [D]. 镇江：江苏大学，2022.
[23] 徐静．产教融合背景下高校实践基地的设计研究 [D]. 景德镇：景德镇陶瓷大学，2022.
[24] 郑晨荷．产教融合视域下民办高校应用型人才培养路径优化研究 [D]. 上海：华东政法大学，2022.
[25] 孙中婷．企业参与校企合作产教融合的意愿研究 [D]. 洛阳：河南科技大学，2022.
[26] 宋美霞．大学教育和社区教育的融合研究 [D]. 太原：山西大学，2021.
[27] 李婷．新时代高校管理育人研究 [D]. 武汉：中南财经政法大学，2021.

[28] 郎军．职业教育产教融合人才培养问题及对策研究[D]. 沈阳：沈阳师范大学，2020.
[29] 马斯瑶．我国高校创业教育实施状况研究[D]. 长春：东北师范大学，2018.
[30] 徐俏琳．双创背景下地方高校创业教育管理研究[D]. 武汉：湖北大学，2016.